授業の腕が上がる新法則シリーズ

「体育」

授業の腕が上がる新法則

監修 **谷 和樹**

編集 **村田正樹・桑原和彦**

☀ 学芸みらい社
GAKUGEI MIRAISHA

刊行のことば

谷　和樹 （玉川大学教職大学院教授）

1　「本人の選択」を必要とする時代へ

今、不登校の子どもたちは、どれくらいいるのでしょうか。

約16万人[1]

この数は、令和元年度まで6年間連続で増え続けています。小学校では、144人に1人、中学校では、27人に1人が不登校です。

学校に行けない原因が子どもたちにあるとばかりは言えません。もちろん、社会環境も変化していますから、学校にだけ責任があるとも言えません。しかし、学校の授業やシステムにも何らかの問題があると思えます。

以前、アメリカでPBIS（ポジティブな行動介入と支援）というシステムを取り入れている学校を視察しました。印象的だったのは「本人の選択」という考え方が浸透していたことです。その時の子ども本人の心や体の状態によって、できることは違います。それを確認し、あくまでも本人にその時の行動を選ばせるという方法です。

これと教科の指導とを同じに考えることはできないかも知れません。しかし、「本人の選択」を可能にする学習サービスが世界的に広がり、増え続けていることもまた事実です。例えば「TOSSランド」は子ども用サイトではありませんが、お家の方や子どもたちがご覧になって勉強に役立てることのできるページもたくさんあります。他にも、次のようなものがあります。

①オンラインおうち学校[2]
② Khan Academy[3]
③ TOSS ランド[4]

さて、本書ではこうしたニーズにできるだけ答えたいと思いました。

> 激動する社会の変化に対応する教育へのパラダイムシフト〜子どもたち「本人の選択」を保障する考え方、そして幅広い「デジタル読解力」を必須とする考え方を公教育の中で真剣に考える時代が到来しつつあります。

そこで、教師の「発問・指示」をきちんと示したことはもちろんですが、「他にもこんな選択肢がありますよ」といった内容にもできるだけ触れるようにしています。

2 「デジタルなメディア」を読む力

PISA2018の結果は、ある意味衝撃的でした。日本の子どもたちの学力はそれほど悪くありません。ところが、「読解力」が前回の2015年の調査に続いて今回はさらに落ちていたのです。本当でしょうか。日本の子どもたちの読解力は世界的にそれほど低いのでしょうか。実は、他のところに原因があったという意見もあります。

> パソコンやタブレット・スマホなどを学習の道具として使っていない。

これが原因かも知れないというのです。PISA が CBT といってコンピュータを使うタイプのテストだったからです。

実は、日本の子どもたちはゲームやチャットに費やす時間は世界一です。ところが、その同じ機械を学習のために有効に使っている時間は、OECD 諸国で最下位です。もちろん、紙のテキストと鉛筆を使った学習も大切なことは言うまでもありません。しかし、写真、動画、Web ページなど、全教科のあらゆる知識をデジタルメディアで読む機会の方が多くなっているのが今の社会です。

そうした、いわば「デジタル読解力」について、今の学校のカリキュラムは十分に対応しているとは言えません。

本書の読者のみなさんの中から、そうした問題意識をもち、一緒に研究を進めてくださる方がたくさん出てくださることを心から願っています。

※1　文部科学省初等中等教育局児童生徒課『平成30年度児童生徒の問題行動・不登校等生徒指導上の諸課題に関する調査結果について』　令和元年10月　https://www.mext.go.jp/content/1410392.pdf
※2　オンラインおうち学校（https://www.alba-edu.org/20200220onlineschool/）
※3　Khan Academy (https://ja.khanacademy.org/)
※4　TOSSランド (https://land.toss-online.com/)

まえがき

　学習指導要領が改訂された。その中で強調されているのが、主体的・対話的で深い学びの実現に向けた授業改善である。

　学習指導要領解説体育編P4には、主体的・対話的で深い学びの実現に向けた授業改善を進める上での留意事項が示されている。

　「これまでの実践を否定し、全く異なるものを導入しなければならないと捉える必要はない」こと、「児童生徒に目指す資質・能力を育むために行う」こと、「学習活動の質を向上させることを主眼とする」こと、「単元や題材など、時間やまとまりの中で実現を図っていくものである」こと、「深い学びの鍵として、『見方・考え方』を働かせることが重要になる」こと、「基礎的・基本的な知識及び技能の確実な習得を図ることを重視する」こと、の6つである。

　これらのことを踏まえて授業を改善していかなければならないが、加えて、心掛けたいことが2つある。

　1つは、優れた先行実践に学ぶことである。誰が授業しても、子どもたちが熱中して取り組む実践がある。そのような優れた先行実践には、必ず子どもたちを主体的・対話的にし、さらに深い学びへと導くための工夫が施されている。先行実践に学び、そこに施されている工夫や組み立てに焦点を当てて、取り出すことで、私たちはそれをスキルとして使いこなすことができるようになる。そして、私たち自身も主体的・対話的で深い学びを実現する授業を実現することができるようになる。

　本書では、いくつもの優れた先行実践に施されてきた工夫に焦点を当て、それらをスキルとして取り上げている。そして、それらのスキルを使いこなすことでどのような授業ができるのかを、実践を通して提案している。

　2つは、子どもたちが体育の「見方・考え方」を働かせることができるよう

に、指導計画を工夫することである。体育は動きを教える教科である。よって、「体育の『見方・考え方』を働かせる」とは、「理にかなった動き方を身に付けるために、体の動かし方を工夫したり、考えを整理したりまとめたりすること」である。

「理にかなった動き方」とは、ゴール型のボール運動ならば「人の居ない所へ動くこと」であり、鉄棒運動の回転技ならば「はじめは大きく、真下を過ぎたら小さくなる」ことである。このような内容を、どの学年の、どの教材で、どのように指導すると、同じ系統の別の教材に応用できるようになるのか。また、「理にかなった動き方」を身に付けさせるまでには、どのような指導が必要になるのか。こうしたことを明確にして指導していくには、発達の段階と系統についての理解が欠かせない。

改訂により、小学校の体育科は指導内容が増え、難しく、複雑になっている。だが、それは、幼児期から中学校卒業までを見通して、体系化を図った結果である。

こうした改訂の意図を踏まえ、本書では、領域ごとに発達の段階と系統を踏まえた授業実践を提案している。それだけでなく、領域ごとに育みたい資質・能力も示し、例示されている様々な動きがどのようにつながっているかを全体構造図として示している。指導計画を考える際に、お役立ていただければ幸いである。

さらには、21世紀型の授業として、ICTを活用した授業の例や動きがぎこちない子への感覚統合の視点からの授業づくり、豊かなスポーツライフの実現に向けた授業も提案している。

本書が、みなさまの授業づくりの一助となることを心から願っている。

2020年2月吉日

村田正樹

目　次

Ⅰ部　主体的・対話的で深い学びのある体育授業

Ⅰ　先行実践に学ぶ、
　　主体的・対話的で深い学びのある授業

Ⅱ　変化・集団化・言語化
　　個別評定で主体的・対話的な深い学びへ

Ⅱ部　子どもの身体能力を高める体育授業の基礎基本

Ⅰ　子どもの身体能力を高める運動遊び

Ⅱ　「発達の段階」と「系統性」を踏まえた体育授業

Ⅲ　超難教材の指導法

Ⅲ部　21世紀型体育授業に向けて

「体育」新学習指導要領の"キモ"はここ！

谷　和樹

系統を意識した様々なバリエーションの運動を経験させることで、理にかなった運動ができるようにしていく：〜マット運動　前転の指導を通して〜

新学習指導要領では、指導内容の例示でも概念の整理や用語が用いられている。器械運動系では、発達の段階並びに中学校との連携という観点から指導内容の体系化が図られている。その結果、マット運動において、取り上げる技が、『回転技と倒立技』から『回転系と巧技系』に整理されている。マット運動は、技を身に付けたり、新しい技に挑戦したりするときに、楽しさや喜びに触れたり、味わったりすることができる。また、より困難な条件の下で技ができるようになったり、より雄大で美しい動きができるようになったりする楽しさや喜びも味わわせることも求められている。

1. 間違いだらけの前転指導

右の本を持ってる人はどのぐらいいますか？　ほとんど全くいませんね。絶版ですからね。今はもう手に入らないんじゃないですかね。図書館を探していただかないと読めない。

今回の新学習指導要領改定の中に回転系、技巧系という言葉が復活したのは、この本に回帰していったということである。

この本の一番最初に出てくるのは前転。低学年のクラスの先生方が「ボールのように丸くなって転がりなさい」という指示をする。今でも結構している。「こういう風に丸くなってくるんと転がるんだよ」みたいに言っている。この指示は「いいのか悪いのか」。悪いとしたら、なぜかというこ

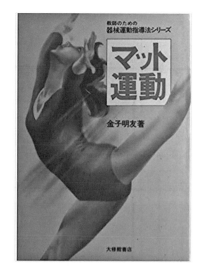

とを近くの人と話し合ってほしい。映像を見てみよう。(映像視聴後)これは100点の前転だけれども、ボールのように丸く転がっていましたか？ ボールのように丸く転がってはいない。「ボールのように丸く転がってごらんなさい」と指示してしまうと、子どもは膝を抱え込むようなイメージをしてしまう。膝を抱え込むようなイメージになってしまうと腰の角度が小さくなってしまうので、加速が使えない。足を振り上げてそれを振り下ろして縮んでいくときのそこに回転加速がつく。だから、回転加速をつける場合の大事な足が離れてしまうということになる。「ボールのように丸くなって転がってごらんなさい」という指示はできない。

2. 前転に求められる 2 つの技術

しかし、ボールのようにはだめでも、順番に体がついていくということは確かである。したがって前転には 2 つの技術があると言える。それは、それぞれ何だろうか？

1 つ目は、順次接触である。順番に接触していくという。これは教えなければならない。

そして 2 つ目は、回転加速の技術というのだが、違う言葉で伝導の技術という。足を大きく開くことによって得る回転加速を、今度は最後に立ち上がるときに伝えていかなければならない。この力を伝えていくというのが伝導の技術ということである。

3. 前転の基礎技能

したがって、前転ができるようになるには今言った 2 つの技能が必要であり、2 つの技能を身につけさせるためには、当然それを支える基礎技能が必要である。

前転の基礎技能には、どのようなものがあるだろうか。皆さんは前転に入る前にどういう技能を身に付けさせるかな？ 転がると言われても、いろいろな転がり方がある。横転がり、斜め転がり、ぐにゃぐにゃ転がり、いもむしごろごろ。いもむしごろごろも 1 種類じゃない。言いたい人？「ゆりかご」。そう、ゆりかごだよね。だけど、ゆりかごの前にまだやることがある。「逆さ感覚」。逆さ感覚というのはちょっと違う。逆さ感覚というのは鉄棒で教える腕

支持しながらぐるっと回るときの感覚に近い。けれども、このマットの場合は、その逆さ感覚ではなくて、頭越しの感覚をいう。頭越しの感覚。自分の頭が下になって回転していく感覚。その感覚である。

4.「ゆりかご」より前にさせる運動

(1) 蹴って起き上がる

（画像を提示）これ伝導の技術及び順次接触の技術のとても初歩的なものである。その場所でできるはずなので、これやってみようか。仰向けに寝てほしい。

まず第一に起き上がることができなければならない。片足だけを上げて起き上がる。その上げるのも、膝を曲げてこう曲げて、足を遠くへ蹴りながら起き上がる。勢いよく蹴ってほしい。できるだけ早く起き上がる。早ければ早い方がいい。その時、どうしても腹筋が必要になる。足を変えてやってみよう。ちなみに足を蹴る方が先。先に起き上がってから蹴っている人がいるけど、蹴る勢いで起き上がるのだからね。

これを両足でやる。両足を遠くへ蹴るのだが、この時に足を遠くへやったこの動きが自分のお腹に伝わって助けてくれる感覚、これを味わうまで、もう一回やってみてほしい。できるだけ早く起き上がる。その際、どうやってもうまくできない子がいる。その時は近くに行って補助をしてあげる必要がある。「蹴ってごらん。あー、よくできたね。蹴ってごらん。あー、それでいいんだよ」とやってあげなければいけないということまであの本には書いてある。

(2) 振り下ろす

次は、垂直から振り下ろしながら体を起こすこと。今度は「振り下ろす」だが、みんなゆりかごっていって転がっているだけだ。振り下ろすということは、床に着く直前に

足が止まったときの勢いを使って起き上がることである。これができれば起き上がる技術はほとんどできたも同然。上体を起こすのが早いとうまくいかない。腹筋が急激に緊張する。できるだけ足が地面につくその直前、直前で起き上がりましょうということになる。

こうやって腕組みをして後ろに転がってできる人はやってみてほしい。このように少なくとも3つ4つの基礎技能、こういったものをちゃんと1年生・2年生の中で通ってきているかどうかということだ。今のような運動を前転と組

み合わせて、あるいは前転の以前にやらせていたという先生はどのくらいいるか。（0人）皆無だということは、そういう体験的な指導が伝わっていない。なんとなくただ、バラエティ豊かにやればいいというふうになっていて、系統が意識されない

と、運動が理にかなったものになっていかない。当然様々なバリエーションが必要だということを今日たくさん申し上げてきたのだけれども、それに合わせて系統性も必要だということである。

(3) 大きな「ゆりかご」

ここで「ゆりかご」、大きなゆりかごをやってもらいたい。腕組みして転がって足を頭越しに、そう、できるだけ高く、やってみてほしい。足をつけてから、足をつく姿勢がそもそもできないからね。ここから練習して足をついた姿勢が基本姿勢だからね。そういうふうにして起き上がるわけだね。

(4)「うさぎ跳び」

基礎技能として、次は「うさぎ跳び」である。手、足、手、足でマットに着くのだが、できれば腰を頭より高くするうさぎ跳びを体験させたい。

(5) 階段四つん這いおり

次、階段四つん這いおり。これやっている人？　階段を四つん這いで降りるという動きは子どもの頃から経験している。赤ちゃんの時代から階段を四つん這いで降りるということは経験するのだけど、頭を下にした動きは（成長するとあまり）やることがない。これは大変重要だということである。これも基礎技能の1つになっているというふうに書いてある。

(6) 足打ち

　頭を起こした姿勢で、腕支持で顔を起こした状態で足を打つ。谷先生の方を見なさい。頭を起こしてやってほしい。こういう風に、視線は常に前。楽にしようと思うと足をそんなに曲げたら苦しいわけだから、できるだけ楽にあげようというふうになっていく。

　次は当然おへそを見ていく。さっきと全然違うね。そういう風にして背屈の時と腹屈の時にすることで使っている

筋肉が違うということになる。

　基礎技能を一つ一つ系統的にやることが大事だということだ。

(7) 台の上に足を乗せる動き

　台の上に足を乗せる動き。（スクリーンの）赤い丸の所、つまり、台の上を見てやろう。あの高さの台に両足を揃えて乗せるだけだ。こうやって腕支持の感覚を身につけさせていくのだが、これやったことある人？　0名だね。

5. 前転の予備技

　ここまでは基礎技能だったのだが、予備技と言って、こういう技ができることが前転の動きにつながっていくよというポーズがあるのだ。

　1つはあぐら。その前にやらなきゃいけないことがある。あぐらがお父さん座りだとするとお母さん座りっていうのはどういうのか知っているかな。お母さん座りから尻を浮かせて膝立ちにできるかな。お母さん座りから尻を浮かせて膝立ちに、お母さん座り右タイプお母さん座り左タイプ両方やってほしい。言われてみると、そういう動きをやっていない。やっていないから、ここにいる人、みんなよろよろしちゃっている。

　次ね。お父さん座りから尻を浮かせて膝立ち。あぐらだね。「もう全く無理です」って言う人もいるけど、子どもにもやらせなきゃいけない。ちなみに足裏を合わせたのはできるかな。足裏を合わせたあぐらでどのようにできるかな。膝立ちでやる。立っちゃだめ。膝立ちでやる。

　次、割膝できるかな。これ男性には非常に厳しいといわれている。初めからもう放棄している人もいる。尻を浮かせて膝立ち。さっきやってくれた方、上

手だったので、もう一回やってほしい。さっきと同じなのだけど、起き上がる時に横座りになってから膝立ちになってほしい。

　次はあぐらから。ちゃんと足をつけるところからね。頭の上で足をつけて、そうそう、そういうことだ。割膝は難しいのでやめておこう。そんな動きをさせていくということが予備技として重要なのだね。これも結構ご存じなかったのではないだろうか。

　今回の学習指導要領の改訂で、わざわざこういう言葉が復活しているということは、やっぱりそういったことをきちんと先生たちにも勉強してほしい、という文科省からのメッセージではないかと思う。

　今度は首倒立から同じことをやってほしい。その次は、跳び箱からマットに手を着き、前に転がって、となるのだ。

6. 前転をどのように指導するのか

　手を着くとか、手の着き方がどうだとか何だとかっていうのは、何の関係もない。足から足へ転がりを完了する。足から体が回転し、また足、足裏がピタッと着いて立つようになる。

　次にスピーディで、リズミカルということだ。したがって、手は着かなくてもいいということ。手を着かないでやるでしょ、それはやりますね。かにさんの手でもやりますか？　ペンギンさんの前転はやりますか？　ドラえもんでも、手の甲前転はやりますか？　肩前転はやりますか？　腕前転、それで手を全くつかない前転まで子どもたちは簡単にできるようになる。むしろ、このような動きを次々……次々とやってくれる先生の方が大好きだ。ほとんど痛くないし、やってみると、とても簡単にできる。指導方法としてはいろいろな系統があるということ。

　これは僕が平成19年に研究授業をしたときのマット運動だ。今日お話ししたような内容を当時の僕は書いているということがわかる。最初に見せたあの本を読んでいたということだ。

　以上、新しい学習指導要領は大幅に変わり、様々な情報が加わった。

2019／06／09 体育 MIX セミナー「谷和樹講座」より

テープ起こし：柳町直　構成：桑原和彦、村田正樹

I 先行実践に学ぶ、主体的・対話的で深い学びのある授業

1 折り返し持久走

 POINT 明確な折り返し地点があることで、具体的な話し合いになる

1. 先行実践に学ぶ〜山本貞美氏から学ぶTOSS体育の実践〜

　山本氏が、広島大学付属小学校勤務時代に実践された内容である。原典は、『生きた授業をつくる　体育の教材づくり』山本貞美著（大修館書店）に詳しい。学校のグランドは狭いということから、どんな学校でも簡単にできるように、比較的短い距離を繰り返して往復するという「折り返し持久走」を試みた。初期の折り返し持久走の実践は、昭和44年から昭和53年までである。100メートルを30秒で走るペース、60秒で走るペースを徹底して身に付ける。そして、随時、心拍数を測定し、心拍数と運動の関係を知らせるものであった。次に、昭和54年から「改良　折り返し持久走」が実施される。今度は、徐々に距離を伸ばす方法で、30秒ペースを増やしていく方法である。

　山本実践の追試を何度か試みた。短い距離の往復ということで、子どもたちはグランドを周回する持久走よりも楽しんで取り組んでいた。しかし難しさもあった。ライン引きである。普通の教師が、短い休み時間などでは到底できないことである。

　次いで、ラインを引かない折り返し持久走の実践を試みたのがTOSS体育の実践である。①体育館のラインを活用した折り返し持久走である。「折り返し地点を、白と赤のラインの間」というふうに、ライン引きをはぶくことができる。②折り返し地点に物を置く。赤白帽子、ミニコーン、とびなわなどである。これなら比較的準備も楽であるが、体育館のラインが曖昧であるという点や、そのライン付近で足踏みをしてペースを合わせようとする弱点が浮上した。

2. 桑原の新提案〜ラインなし・道具なしの折り返し持久走〜

　スタート・ゴール点を固定していた実践を、折り返し地点の固定に変更する。折り返し地点をステージにすることで、モノを置く必要がなくなる。さらに、

スタート・ゴール地点をペアの子にする。そのペアの子の周りを回ることで、明確に折り返したかを把握でき、タッチすることで、さらにはっきりとする。

スタート時　　　　　　　　　ペアによるタッチで次の周回に入る

折り返し地点（ステージ）

3. 授業の流れ

　「1分間、一定の速さで走りきる距離を決めなさい」と指示する。①ペアを作り、先攻と後攻を決める。②折り返し地点（ステージ）を基準として、スタートゴール地点を決める。（10秒でスタート地点に折り返して戻って来られる地点）③試しの10秒を行い、スタート・ゴール地点を確定する。

　「10秒6回」の1分間、折り返し持久走を行う。①1分間を行う。教師は10秒ごとに、笛を1秒間鳴らす。②折り返しのステージ壁をタッチする。ゴール時点では、ペアの子に片手でタッチをし、後ろを回る。③笛が鳴っている時にタッチができていると1点。1分間の場合、最高は6点。④後攻の子は、前攻の子の速さが一定かどうか、フォームの乱れはないかを観察する。

　1回目の結果を確認し、課題を挙げる。①教師は、全体の前で点数の確認をする。②点数結果とペアの子の観察事項を踏まえて、2回目の課題をペアで話し合う。③スタート・ゴール地点の変更やフォームの変更など、具体的に行う。

　この折り返し持久走は、能力が高い子も低い子も活躍できる教材である。

（桑原和彦）

2　回旋リレー

「直線距離が長い方が、早くなる」という見方・考え方を育てる

根本正雄氏が開発した回旋リレーは、リレーの楽しさを味わわせ、運動の見方・考え方を育てる授業である。

従来の回旋リレーは、回旋物の置き場所を教師が決め、子どもたちは回旋物を１回ずつ回って、折り返してくるというものだった。確かに、小回りの技能は身につく。しかし、リレーをしていくと、勝敗が固定化していく傾向があった。しかし、根本氏の回旋リレーは、場づくりを子どもたちが決める。回旋物の置き場所や間隔によって順位やタイムが変わる。だから、毎回、盛り上がる。そして、小回りの技能がつき、さらに「直線距離を長く走る方が、順位やタイムがよくなる」という見方・考え方を育てることができる。

私は、小学校３年生で追試をした。50m 走のタイムをもとに、合計タイムがほぼ同じになるように、４チーム（８名ずつ）に分けた。なお、走順は、チームで決めさせた。

■　△　△　△　｜

１回目は、左図のように、私がコーンを配置した。従来の回旋リレーである。どのチームも、全力で走った。結果は、次の通りになった。

Ａチーム…197 秒　Ｂチーム…199 秒　Ｃチーム…198 秒　Ｄチーム…196 秒

根本氏の回旋リレーは、ここから、場作りを子どもたちに考えさせる。

課題：コーンをどこに置くと、速く走れますか。

■△　　　　△△｜A
■　　　　△△△｜B
■△△△　　　　｜C
■　　　△　△△｜D

話し合いをする中で、子どもたちは作戦を絞り込んでいく。

作戦とリレーの結果は、次のようになった。

Ａチーム…200 秒　Ｂチーム…193 秒　Ｃチーム…189 秒　Ｄチーム…194 秒

リレーをした後、作戦の効果について検討させる。これが、運動の見方・考え方を育てることにつながる。「チームで考えた置き方は、走りやすかったですか」と尋ねる。

　Ｃチームの子どもは、「コーンが３つかたまっているから、長い距離をずっと走れる。ダッシュがしやすい」「初めの方で、速く走ることができる」と言っていた。Ｄチームの子は、「後から加速しても、距離が短いのでダメ」「直線を多くすると、速くなる。コーンをバラバラに置くと、直線が少なくなって、スピードが落ちる。大事なのは、直線スピード」と言っていった。

　置き場所によって順位やタイムが変わるという事実、自分たちが走った体験、他のチームの走りを見た様子をもとに、子どもたちは思考する。

> 課題：２回目の試合です。コーンをどこに置くと、速く走れますか。

　前回のリレーや発表をもとに、置き場所や間隔を、どのチームも追求する。Ｂチームは、敢えて、うまくいかない方法であることを確かめるために、真ん中にカラーコーンをかためる作戦を立てた。リレーなので、どのチームも勝ちたい。全力で走った。盛り上がった。

Ａチーム…184秒　Ｂチーム…194秒　Ｃチーム…183秒　Ｄチーム…181秒

　作戦の効果について、チームごとに発表させた。

　Ｂチームは、全員「よくない」と言っていた。「真ん中にコーンがあるので、ダッシュがストップされてしまうから」が理由である。

　Ｄチームは、全員「よい」と言っていた。「コーンが奥の方に３つかたまっていて、そして、狭いので、小回りで走れる。それに、ダッシュできる長さも長いから」が理由である。

　再度、作戦を考えさせると、どのチームも、Ｃ・Ｄチームのような置き方をしていた。回旋リレーの作戦のポイントを、どのチームも共有できた。タイム差は、ほとんどなかった。「ダッシュできる距離が長いので、走りやすい」と言っていた。子どもたちにリレーの楽しさを味わわせ、さらに、見方・考え方を育てることができるのが、根本氏の回旋リレーの授業である。　　（上木信弘）

Ⅰ 3 向山式ハードル走

　5分以上も子どもたちを待たせ、ハードル間の距離と高さを公式規約通りに正確に準備し、その「1規格だけ」のレーンを走らせるような「授業」は、画一的で強引だ。運動する喜びや主体的に学ぶ楽しさを子どもたちから奪ってしまう。

　そこで、まずはハードルを2・3人に1台用意する。

　「ハードルは足の出ているほうから走って跳びます（左図参照）。ペア（グループ）で練習しなさい」。跳び方のコツを説明したくなる衝動を教師は抑え、まずは跳ばせてみる（激突防止のためにスペースは広く取る）。片足で跳ぶ、両足で跳ぶ、遠くから跳ぶ、近くから跳ぶ、子どもたちの動きは様々だ。この「自由試行」が主体的な学びを引き出す。子どもたちは「こう？」「この方がいいよ」と対話的に学習していた。

　3～4分すると、1つのグループが「どうやって跳ぶんですか」と質問して来た。「もっと上手に跳びたい」という欲求が高まったのだ。質問が来なかったら、教師が全員を1台のハードルのそばに集めればよい。

> 振り上げる足は、ハードルに直角にまっすぐ伸ばしなさい。

　これをさせるだけで、ハードルの跳び方らしくなってくる。

　次に、下図のように①～③までの場を用意し、スタートラインから第1ハードルまでを跳ばせる。教師はAの位置にいて、

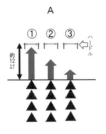

動きを評定する。「振り上げ足がまっすぐ伸びているか（右図）」を確認するために、「先生に足の裏が見えたら合格」という基準を予め示しておく。ハードルの高さは最下段（30 cm）でよい。

　合格した子どもたちに「ハードルを2台

並べて練習しなさい」と指示する。すると右のような場作りになる。

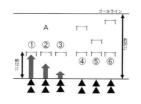

①〜③は1台。④〜⑥は2台並べている。

大切なのは、「④からの2台の置き方は自由」とすることである。ここで思考が働くのだ。2台を狭めて置いたり、遠ざけたり、子どもたちは試行錯誤する。やがて「ハードルは動かしてもいいのか」という質問が来る。無論OKである。向山実践では、次いで「踏み切り足は違ってもいいのか」と子どもたちが聞いてきたという。

> ハードルは短距離走の競走だ。速く走れなくてはならない。しかし、どのように踏みきるかはどちらでもよい。(中略)速く走れる方法をさがすことだ。
>
> 　　　　　　　　　　（『教え方のプロ・向山洋一全集9　体育授業を知的に』、p.38）

これは重要な指導だ。「跳ぶ」ことに意識を働かせすぎて、跳び越す際にフワッと腰が上がり、バレリーナのような跳び方になってしまう子が出てくるからだ。

2台のレーンを跳ばせていくうちに、「踏み切る足は同じ方がリズムがいい。インターバルも等間隔が跳びやすい」という実感を持つ子が出てくる。全員を集めて、このような実感を出し合う。そしてグループの数を5、6人にして、1レーンにつき3台のハードルを与える。ゴールまでは約30mとする。置き方は自由だ。どのグループも等間隔ながら微妙にインターバルの違うコースが出来あがる。子どもたちは自分たちの考えたコースを楽しそうに何度も試走する。

この段階になると「ひきつけ足」が課題となるので、初めて指導する。最適な時期に最適な内容を扱うから授業は主体的で知的となり、子どもたちは熱中する。

5年生でこうした授業を経た後に、6年生では、テクニカルポイントを明示した学習カードを用いて課題解決型の授業を行うように私はしている。右に一例を示す。

『楽しい体育の授業』、2012年10月号、風間俊宏氏論文より引用

（根津盛吾）

Ⅰ ①向山式阿波踊り指導

POINT 個別評定で、動きを引き出す、上手にさせる

　子どもたちが熱中して取り組む向山式阿波踊りの授業。指導システムは、4段階のステップで動きの基本を教える。さらに、動きを引き出すために、動きを上手にさせるために、個別評定を組み入れる。

　4段階のステップとは、①足の動き、②手の動き、③足と手を一緒に動かす、④顔をつくる、である。

　動きの基本を教えた後、子どもたち一人一人に動きをつくらせる。その後に、個別評定。個別評定をするから、子どもたち一人一人が真剣に取り組み、動きが引き出される。良い動きがイメージでき、動きが上手になっていく。

基本　　1　　2　　3　　4
1と3の時は、つま先だけつく

1日目……足の動き（約20分）

> **指示　阿波踊りは、1、2、3、4のリズムで足を動かします。**

「1、2、3、4、1、2、3、4、……」とリズムに合わせて、前に進むだけである。練習後、「2点満点」の個別評定。やり方は次のようにする。

　① 4人程度を1組にして、横に並ばせる。

　② 1組ずつ歩かせる（踊らせる）。

　③ テンポよく、断定的に評定を言う。

　私が「1、2、3、4、1、2、3、4」と言うと、1組目が歩き始めた。評定の時は、足の動きが4拍子のリズムにあっているか、だけを見る。

　合格の子は教師の後ろで見学。不合格の子は列の後ろに行かせる。再挑戦させるためである。なお、発達障害児は早めに合格させるように配慮する。不合

格にして残らせると、目立ってしまうからである。

　次は、腰を落として歩かせる。練習させた後、3点満点で個別評定。

2日目……手の動き（約15分）

1　　　2　　　3　　　4

指示：次に手の動きを練習します。手の動きは4拍子になっていれば、どのようになっていても構いません。自由です。

　向山洋一氏が講座でする「お酒を飲む」動きをやって見せた。

　その後で、各自に手の動きを考えさせる。子どもたちから動きを引き出す場面である。級友と相談したり、級友の動きをヒントにして、どの子も手の動きをやり始めた。

　3日目……足と手を一緒に動かす（約30分）

　足と手を合わせて動かす練習をする。練習の後、5点満点で個別評定。評定の時は、足の動きが4拍子のリズムにあっているか、だけを見る。足の動きのリズムがあっていれば、他の動きも大丈夫だからである。

　4日目……顔をつくる（約20分）

　男の子は、この世にないおかしい顔、女の子はかわいい顔をすればよい。表情を入れながら、足と手を動かす練習をした後、7点満点で個別評定。個性的な踊りになってくる。

　5日目以降……音楽をかけて踊る

　阿波踊りの音楽にあわせて踊らせる。8点満点で個別評定をした。

　運動会で阿波踊りをする場合、校庭で隊形づくりと踊りの練習。前日には、12点満点で評定。当日は緊張するので、子どもたちの力は落ちる。前日に12点レベルで踊らせるから、当日は10点レベルの踊りができる。

（上木信弘）

②「うさぎ跳び」から「かかえ込み跳び」へ

1. かかえ込み跳びのテクニカルポイントは「うさぎ跳び」

　かかえ込み跳びは、足を閉じた状態で跳び箱を跳びこす技だ。この技に必要な基礎技能は「うさぎ跳び（着いた手より前に足を抜く技能）」（写真

写真①　うさぎ跳び

①）である。つまり、跳び箱という高い位置で「うさぎ跳び」を行うのである。この動きを習得するために有効なのが、着いた手より足が前に抜けているかどうかというテクニカルポイントを○か×で明確に評定することである。この評定に練習の場をレベルアップさせながら行うというゲーム的な要素を組み込むことで、子どもたちは、高い位置でのうさぎ跳びを習得していくことができる。

2. 実際の授業と、習得までのステップ

　授業では、5つの場で「うさぎ跳び」を評定していく。

A：床で動かずに『うさぎ跳び』をする。

① 概要：その場で「トン・パ！」と言いながら「うさぎ跳び」の動きをさせる。トンで両手を着き、パで離して耳の横に持っていく。

② 評定ポイント：「トン」で両手を着け、「パ！」で顔を上げているか。

B：「トン・パ！」のリズムで移動しながら『うさぎ跳び』する。

① 概要：前に移動しながら「うさぎ跳び」の動きをさせる。

② 評定ポイント：着いた手より前に足を持っていけているか。

※ A・Bの評定方法

　子どもを4列に並ばせる。「パ！で先生と目が合えば合格です」と告げて、写真①のように「うさぎ跳び」をさせる。○、×と評定していく。

写真②　Cの場作り

C：「トン・パ！」のリズムでマットの横幅を「うさぎ跳び」する。

① 概要：マットの横幅を「うさぎ跳び」で跳び越える。

② 評定ポイント：「パ！」で顔を上げているか。着いた手より前に足を持っていけているか。

D：「トン・パ！」のリズムで5枚重ねたマットの横幅を「うさぎ跳び」する。

① 概要：マットの横幅を「うさぎ跳び」で跳び越える。

② 評定ポイント：「パ！」で顔を上げているか。着いた手より前に足を持っていけているか。

写真③　Dの場作り

E：低学年跳び箱1段または2段（縦）を「うさぎ跳び」する。

① 概要：跳び箱を「うさぎ跳び」で跳び越える。

② 評定ポイント：「パ！」で顔を上げているか。着いた手より前に足を持っていけているか。

写真④　Eの場作り

※ C〜Eの評定方法

　C〜Eの場を子どもと一緒に用意する。全員Cの場で「うさぎ跳び」をさせる。「マットや跳び箱に足が触れなければ○、触れたら×です」と評定ポイントを告げて次々に評定する。合格した子は次の場で練習させる。「先生がいない時は、友達同士で評定しなさい」と言っておくと、お互いが評定・助言しあい、主体的・対話的で深い学びにつながる。教師は、各場の人数を確認しつつ、移動しながら評定していく。Eの合格者がでたら、全員を集める。「Aさんの「うさぎ跳び」には良いところがあります。探しなさい」と告げて、上手な子に師範演技させる。これにより、よい動きを学級全体に共有化させることができる。

3．できない子ができるようになる、おススメの場づくり

　このようなステップを行ってもできない子がいる。そんな時におススメの場が2つある。学級の実態に応じて上記のステップの途中にいれるとよい。

着地点にマットを重ねることで、着地への恐怖心を小さくできる。

着手点に跳び箱の調整ブロックなどを置くことで、足が抜きやすくなる。

（木村亮介）

Ⅰ

2 変化をつける

①時間や回数を変える

POINT 時間や回数を限定するからこそ、子どもたちは運動に熱中する

1. 『新版　授業の腕を上げる法則』でも回数について言及している

向山洋一氏は、「授業の原則十カ条」の第三条「簡明の原則」の中で、次のように述べている。

> 1人が3回跳んだら、先生の所に集まります。
>
> このように、指示する内容が具体的になっていなくてはいけないのである。
> 『新版　授業の腕を上げる法則』、学芸みらい社、2015、p.24

跳び箱運動で、「もっとがんばって跳び箱の練習をしてみましょう」のような指示だと、子どもたちは最初はよいが、だんだん飽きてくる。いつ終わるかがわからないからである。

スポーツの試合は、時間や回数（点数）が決まっているからこそ、その中で見通しをもって、最大の力を出すことができるのだ。体育の授業も同じである。

また、「3回」という回数が絶妙だ。1回だとあっという間に終わってしまう。1回失敗したら、それで終わりである。5回だと、何回跳んだかわからない子が出てくる。また、全員が終わるのに、大きな時間差ができてしまう。3回だと、1回失敗しても、あと2回ある。それでいて、だらだらする前に終わる。

2. 回数を変える

3という回数は、体育ではよく使う。
「側転を3回連続でしましょう」
「ゴム跳びで、3回跳んだら交代しましょう」
「バッティングで、3回打ったら交代しましょう」
「さか上がりを3回できたら交代しましょう」

「3人とじゃんけんしましょう」

向山型算数の、「3問できたら持っていらっしゃい」とよく似ている。

また、回数を決めるということは、今の自分の到達度や、終わりがわかる、ということである。

> キャッチボールをします。10回投げたら座りましょう。

と指示すると、必ず、「イチ、ニ」と声を出すペアが出てくる。すかさずほめる。すると、全体が声を出し、明るい雰囲気、集中した雰囲気になる。「素早く投げなさい」と指示しなくても、スピードが上がるのである。

3. 時間を変える

キャッチボールの場合、

> 20秒間で何回できるか数えましょう。

と指示することもある。「10回投げたら座りましょう」の場合は、早く終わったペアは、少しの待ち時間がある。20秒間だと、どのペアも待ち時間はゼロであり、より効率がよい。ただし、その分、「20回以上できた人？」「30回？」など、回数を聞く時間ロスがある。状況によって、回数か、時間かを使い分けたい。

縄跳びで、前跳び（1回旋1跳躍）の回数を劇的に増やす方法がある。「30秒間跳び」を私は1月〜2月くらいは毎時間行う。「30秒間で前跳びが70回跳べたら、二重跳びが跳べるようになる」という説がある。これも、15秒では短い。1分では長すぎる。30秒が、全員が集中して跳べる絶妙な時間なのである。そして、「70回」という目安があるから、子どもたちは引っかかっても、気にせずにどんどん続けることができる。1月初めは50回くらいだった子も、2月終わりには70回をクリアしていることが多い。

バスケットボールやサッカーの試合は、最初は2分くらいで十分である。あまり長くやると、運動量が多くなりすぎたり、得点差がつきすぎたり、けがの危険性が増したりする。単元が進むにつれ、5分くらいに増やしていく。また、子どもたちで試合時間を決めることもできる。

時間や回数を常に変化させながら、授業を組み立てるとよい。　　（小松和重）

②場づくりを変える

👉 **場づくりは、スモールステップで少しずつレベルアップできるようにする**

1. 跳び箱運動（台上前転）の場づくり

跳び箱運動の場づくりは、シンプルが一番である。

準備、片づけがそれぞれ3分間くらいで、無理なくできることが大切である。

例えば、台上前転の場合の配置図は、右の写真のように、黒板に図示する。子どもたちが見て、パッとわからなくてはならない。余計な情報は入れない。

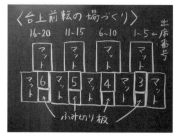

配置図は、あくまでも教師が考えた設計図である。よって、子どもたちの実態で変化させなければならない。

例えば、右の写真のように、跳び箱で3段、4段、5段、6段と4つの場をつくったとする。

開脚跳びの場合はよいだろうが、台上前転の場合は、3段をいきなりやっても、できない子が多いだろう。

よって、その前の段階として、2段や1段の跳び箱も用意しなければならない。1段の場合も、両サイドにマット、奥にセーフティマットを置いて、子どもが決して台上前転に恐怖心をもたないようにする。

跳び箱1段でもできない子もいるだろう。実際の授業では、台上前転の前段階として、

重ねたマットで横向きに前転する運動を取り入れるとよい。1枚から始めて、2枚〜5枚くらいまでやると、かなり跳び箱1段での台上前転に近くなってくる。

また、3、4年生であっても、マットや跳び箱で台上前転をやらせる前に、ステージから前転して下りる、という運動も入れる。この場合は、前転するところまでは、普通のマット運動の前転とまったく同じである。終わりが、立ち上がる、ではなく、下りるという動きなので、子どもたちにとって、より楽しくなる。

最初は怖がる子がいても、マットでの前転さえできれば、面白いようにできる。子どもたちは、何度も挑戦する。また、簡単にできる子に対しては、背中がマットに着かないくらい前から回転して、跳ねて着地する、という動きを提案することもある。首はね跳び、頭はね跳びに繋がる動きである。こちらも、子どもたちは何度も何度も挑戦する。

このように、最初から場を決めて固定するのではなく、子どもに求める跳び箱の高さ（ゴール）から逆算して、場づくりをすることも必要である。子どもたちがやっているのは同じ「前転」であるが、場がマット1枚から徐々にレベルが上がることで、子どもたちの技能は自然と高まってくる。回転感覚に加えて、高さ感覚や、腰を高く上げる感覚が身に付いてくるからである。

2. 跳び箱運動（台上前転）の合格基準

子どもたちには、ただ運動をやらせるだけでなく、合格基準を明確にして、時々「個別評定」をすることが、意欲や技能の成長につながる。1時間に1回は個別評定を取り入れたい。

台上前転の合格基準は、例えば、「まっすぐに回転して、着地は立ち上がって止まること」とする。そうすれば、子ども自身でできたか、できないかがわかり、「3回連続でできたら合格」とすれば、より技の精度は高まる。

（小松和重）

II　変化・集団化・言語化　個別評定で主体的・対話的な深い学びへ
3　集団化する
①シンクロさせる

POINT!　シンクロさせることで、開脚跳びの技能が向上する

1. 集団跳び箱の良さ

　集団跳び箱は、子どもたちが一体感・達成感を味わえるので楽しい。集団で動きをそろえるために、どう工夫するか、対話する場面を意図的に作ることができる。動きをそろえることで、リズムやタイミングが共有化され、技能をさらに高めることができる。なお、集団跳び箱の授業をするのなら、事前に、開脚跳びを全員できるようにさせておくことが大切である。

2. 準備物：跳び箱 3 段を 4 台、跳び箱 4 段を 4 台、マット 16 枚

3. 授業の進め方（45 分）……3 年生で実践

　3 段、4 段のどちらの跳び箱でしたいかを選ばせ、グループ（4、5 人）を作らせた。

　授業の導入で、次のような活動をする。

① 開脚跳びを 1 人 3 回。

② 向きかえ連続跳び 1 人 5 回。

　次はゲーム化である。「グループで向きかえ跳びを合計 20 回跳びます。得意な子は 6 回、苦手な子は 2 回というように、誰が何回跳ぶか作戦を考えなさい」

　作戦を考える時に、写真のように、座ってさせる。作戦を考え終えたグループから練習を始める。その後で、向きかえ跳びリレー（合計 20 回）をした。子どもたちは熱中する。

　いよいよ、集団跳び箱に向かう。

　次頁のように、跳び箱やマットの位置を変えた。

（図：跳び箱の配置図）

跳ぶ方向
→

4段
4段
4段
3段
3段
3段

←
跳ぶ方向

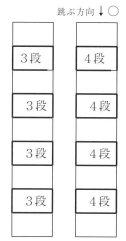

跳ぶ方向↓○

3段	4段
3段	4段
3段	4段
3段	4段

○↑跳ぶ方向

指示：1人で、連続で跳んでいきます。前の子が2つ目を跳び終えたら、次の子がスタートしなさい。

　授業前半で開脚跳びをしているので、どの子もスムーズに跳ぶことができた。

指示：今度は、2人であわせて跳びます。

　2人組であわせて跳ぶだけで、一体感が生まれてくる。子どもたちは楽しそうにしていた。

発問：今度は、グループ全員であわせて跳んでいきます。そろえるためにどんな工夫をしますか。グループで作戦を考えなさい。

　私のクラスは、3段グループ全員、4段グループ全員でさせることにした。普通ならば、4、5人の小集団でさせた方がよい。

　作戦を考えたグループから練習を始めた。動きをそろえながら開脚跳びをすることが楽しい。どんどんつながって跳んでいた。集団跳び箱の場作りが、子どもたちの動きを引き出すのである。

　しばらくして止めさせ、交互に、集団跳び箱を発表させる。

　3段グループは、「セーノ」で準備をして、「トン（手をつき）トン（足がつく）」で跳ぶ、という工夫を発表した。集団跳び箱をさせると、リーダーのK君が中心になって声を出すことでリズムをつくり、そろえて跳んでいた。

　4段グループは、「ハイ、トン、トン」のリズムで跳ぶ工夫をした、と発表した。集団跳び箱をさせると、きれいにそろえて跳んでいた。

　2つのグループともに、「声を出して跳ぶと、あわせてリズムよく跳べる」ことに気づいていた。もう一度、作戦タイムを設けた後、集団跳び箱をさせた。両グループとも、さらにきれいに跳び、運動の質が向上した。　　　　（上木信弘）

Ⅱ 変化・集団化・言語化　個別評定で主体的・対話的な深い学びへ
3 集団化する
②ゲーム化する

 POINT ボールキャッチの難易度を点数で表す

1. ボールキャッチの難易度に点数をつけてゲーム化する

ボールを使った体つくり運動は、投げる・捕るという簡単な動きの繰り返しである。2つの要素を取り入れるだけで、ボールキャッチだけで熱中する授業ができる。2つの要素とは、豊富な運動のバリエーション（表1）と点数をつけて競わせる「ゲーム化」である。同じボールキャッチでも、表1のように変化を付ける

NO	1人で行う運動例
1	上に投げて捕る
2	上に投げて1回拍手して捕る
3	上に投げて2回拍手して捕る
4	上に投げて3回拍手して捕る
5	上に投げて前後ろで1回ずつ拍手して捕る
6	上に投げて、1回回って捕る
7	上に投げて、しゃがんで捕る
8	上に投げて、床ギリギリで捕る
9	上に投げて、たくさん拍手して捕る
10	上に投げて、背面キャッチ

表1

ことで、子どもは飽きずに取り組むことができる。さらに、完璧に成功したら5点、惜しかったら3点、失敗したら0点というように点数をつけて制限時間内に何点取れるかを競うゲームにすることで、子どもたちは熱中して運動に取り組む。

2. 実際の授業の進め方

ボールキャッチの授業は小学1年生から6年生までで実践可能である。それぞれの学年、学級の実態に応じて選択する運動のバリエーションや点数基準、個別でやるのか、グループでやるのかを変えることで、どの学年でも対応できる。

まずは、上記の表1にあるような、簡単にできる運動から繰り返していく。「先生の真似をします。3回やったら座ります」と言ってテンポよく進める。簡単な運動なので、全員ができる。

写真①

写真②

写真③

次に、写真のような技でゲームをさせる。

写真①は、拍手キャッチだ。「5回たたけたら3点、8回たたけたら5点、10回たたけたら10点です。先生がやります。数えてね」と言って、お手本を見せる。子どもたちに数を数えさせる。「ペアで数を数えます。3分間で何度もチャレンジしなさい」と言って挑戦させる。

写真②は、ぎりぎりキャッチだ。「床ギリギリでキャッチします。腰と膝の間なら3点、膝と足首の間なら5点、足首と床の間なら10点です」と言って、お手本を見せる。「ペアでチェックします。3分間で何度もチャレンジしなさい」と言って挑戦させる。

写真③は、前転してキャッチだ。「ボールを投げて、前転してキャッチします。キャッチできなければ0点、座った状態でキャッチしたら5点、立ってキャッチしたら10点です」と言って、お手本を見せる。「ペアでチェックします。3分間で何度もチャレンジしなさい」と言って挑戦させる。

どの運動でも時間が来たら、子どもたちを集めて、点数を確認する。そして、10点を取れた子の中から1人にやらせる。この時、「10点を取るコツは何ですか。探しなさい」と発問してからやらせる。すると、子どもたちが運動のコツを見つけることができる。

こういった運動を班対抗ゲームにすることもできる。「班で3分間挑戦します。それぞれ子の最高得点の合計が班の得点です」と言ってやらせる。班対抗ゲームにすることで「高く投げるといいよ」「ボールをよく見て」など、成功するためのコツをお互いが教え合うようになり、班の一体感も増すことになる。

写真④

3. 使用するボールは大きく柔らかいものがベスト

ボールキャッチの運動に熱中させる上で欠かせないものが、ボールだ。おススメは写真4のような大きく柔らかいボールだ。当たっても痛くないため、子どもたちは思い切った運動ができる。また、大きいため、キャッチがしやすい。運動が苦手な子も、成功体験を積むことができる。

以上のように、豊富な運動のバリエーションにゲーム化を組み込むことで、単純な体つくり運動でも、1時間子どもたちが熱中する授業ができる。

（木村亮介）

③グループ化する

 グループで、技の選択と構成を考えさせる

1. 集団化のメリット

　「運動の集団化」とは、ペアやグループで動きを揃えたり技を組み合わせたりして、1つの作品を作り上げることである。運動の集団化により、友達同士が対話する場面を意図的に作り出すことができる。さらに、上手な子と苦手な子が対話を繰り返しながら学習を進めていくことで、リズムやタイミングなどのコツを共有し、知識や技能を高めることもできる。

2. 単元の指導計画（6時間配当）

　縄跳び運動は、縄の回旋方向や回旋スピード、いっしょに跳ぶ人数を変化させることで、別の新しい跳び方へと発展させていくことができる。この特性に注目して、1本の縄を2人で跳んだり4人で跳んだりする活動を取り入れ、最後はグループごとに連続技を作って発表させ、その出来栄えを競わせる。
　第一次　基本技とそのバリエーションを知る。（2時間）
　第二次　連続技づくりに挑戦する。（3時間）
　第三次　連続技を発表する。（1時間）

3. 指導の流れ

　はじめに、基本技となる4つの跳び方、「2人跳び」「交互跳び」「トラベラー」「ターナーチェンジ」を提示する。それぞれの技ができたなら、縄を回す方向や回旋スピード、いっしょに跳ぶ人数などを変えてもできるように、助言したりアドバイスしたりして、バリエーションを広げさせる。その後で、グルー

2人跳び 　交互跳び

プでの連続技づくりに取り組ませる。

4. 連続技づくりこそ授業改善のポイント

グループ内での対話を通して、連続技を作る活動がメインになる。

トラベラー

ターナーチェンジ

連続技をビデオで見せたり実際に行わせたりして、連続技のイメージを持たせる。その後、「縄を止めずに2分間跳び続ける」「1人2種目以上の跳び方をする」という2つの条件に照らして、どんな技ができそうか、オリジナル技を作れるか、どんな順序で演技するかなどについて、グループで相談したり試したりしながら、技を選んで構成させる。なお、演技の構成や技の分担を決めるために、下のような学習カードを使うこともできる。

（村田正樹）

4　言語化する
①リズムを言語化する

 POINT 走り高跳びの助走のリズムを言語化する

1.　リズムを言語化するとは

　学習指導要領には「走り高跳びではリズミカルな助走から踏み切って跳ぶ」と示されている。特に大切なのは踏み切り前の助走のリズムを速くすることで、より高く跳ぶことができることである。

　そこで、踏み切り前5歩の助走リズムを次のように言語化して指導した。

> 「ニッ・ポン・チャ・チャ・チャ」（5歩助走）

2.　主体的な学びにつなげるポイント

（1）　よく聞くフレーズを用いる

　学習指導要領体育編解説に紹介されている助走リズムは、「トン・トン・ト・ト・トン」である。一方、「ニッ・ポン・チャ・チャ・チャ」はスポーツの日本代表の応援等でよく使われるフレーズで、多くの子が耳にしたことがありイメージしやすい。子どもが主体的に学習に取り組む上で、目標となるリズムが明確に伝わることは大切である。

（2）　簡単な動きから始める

　以下のように簡単な動きからリズムに合わせ動けるよう練習していく。小さ

> 手を叩く→その場で足踏み→前へ動いて跳ぶ→跳んで空中で足を入れかえ

な成功を繰り返していくことで、子どもはやる気をもって主体的に取り組む。

（3）リズムを言いながら動く

　どの動きもリズム言葉を言いながら動くようにさせる。その方が上達も速く、自分の動きが合っているか自己評価しながら、主体的に練習に取り組める。

（4）効果的な補助具を使う

　「上手にできるようになった」ということは、子どもが主体的に取り組むための大きなモチベーションとなる。上手な動きを引き出すために、リズム言葉とともに効果的な道具を併用することも大切である。フープと踏み切り板を置く。フープに1歩目、踏み切り板に2歩目をつく。踏み切り板の高さがその後の着地までのゆったりとしたリズムと体の沈み込みを生み、その後の速いリズムを引き出す。バーは柔らかいゴムバーで、どの子も無理なく跳べる高さにし、助走のリズムに集中できるようにする。できるようになったら、踏み切り板→フープの順に取り除き、場を変化させていく。

（5）教師が評定する

　教師が評定するから、子どもは自分の動きがリズムにあっているか明確にわかる。そして、子どもは合格を目指し主体的に練習するようになるのである。合格基準は一つ。「踏み切り前3歩の助走リズムが速くなっているか」である。

3．対話的な学びにつなげるポイント

（1）友達が跳んでいる時もリズム言葉を言う

　跳ぶ子のスタートに合わせ、周りの子にリズム言葉を言わせることで、友達の動きを通して一緒に学ばせる。

（2）ペアで練習する場をつくる

　教師の評定に向けペアで練習する時間をとることで、お互いにアドバイスさせる。

（3）団体戦を取り入れる

　団体戦にすることで、チームで教え合うなどの対話的な学びを促す。

（前田哲弥）

I

Ⅱ　変化・集団化・言語化　個別評定で主体的・対話的な深い学びへ
4　言語化する

②動きを言語化する

 魔法の合言葉と落差法の組み合わせで、伸膝後転も簡単に習得できる

1. 動きの言語化

　「動きの言語化」とは、運動のリズムをオノマトペに変えたり、運動の手順を他の言葉に置き換えたりして、わかりやすくすることである。

　言語化によって、その運動の本質的な動きを引き出しやすくなる。

> ポイントは、「言葉を声に出しながら運動させること」である。

　運動する子だけでなく、見ている子どもたちも一緒になって声を出すことで、リズムと動きが一致するようになる。子どもの中には、自分の動きに一生懸命になって声を出せない子がいる。更に、自分の番を待っている間にもそのリズムを言わせることで、リズムを体に染み込ませることができるのである。

2. 基礎感覚・基礎技能づくりの言語化

（1）伸膝ゆりかご

　最初は、両手を横に広げた長座の姿勢で、伸膝ゆりかごをさせる。

　「飛行機（手を横に広げて見せる）膝ピン。後ろの床までつま先を往復」

　「今度は、手を天使の羽にして（教師が見せる。首の後ろに両手を構える）」

（2）首倒立

　「今度はロケット発射。つま先を天に向かって突き刺そう。ロケット〜発射！」

　この時、首の後ろに両手を構えるようにさせる。

3. 伸膝後転の言語化

（1）後転との違いを言語化させる

　まず、伸膝後転がどのような技なのかを、子どもたちに見せる。教師が模範をしてもよいし、映像を見せてもよい。

「後転とどこが違うかな」と発問し、気付いたことを言語化させたい。

すると、子どもたちは、「膝が最初から最後まで伸びていること」と言う。

この時点で着手の回数にも気付かせたい。

「手は何回着いているかな」と発問し、もう一度伸膝後転を見せる。

着手が2回あることに気付くことで、運動の流れが理解できる。

(2) 運動を言語化する「魔法の合言葉」

伸膝後転の動きを細分化し、魔法の合言葉として教える。

| 万歳 | ・ | お辞儀 | ・ | 手 | ・ | 手 | ・ | 足 |

いきなりやらせる前に、「万歳〜お辞儀」までをその場で真似させる。

肘が伸びた状態で大きくお辞儀までつなげると、回転加速がつく。

「万歳・お辞儀・手・手・足」の言葉をグループ全員で言いながら行うことで、そのまま伸膝後転になる。

足が開いてしまう場合には、写真のように、赤白帽子を足に挟ませるとよい。

横から見ると、下のようになる。最初は、写真のようにマット4枚重ねによる落差法を使うと成功しやすい。

立つときのポイントは、「近くに足を着く」ことである。

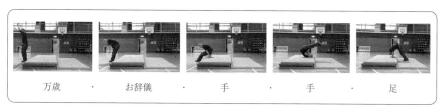

| 万歳 | ・ | お辞儀 | ・ | 手 | ・ | 手 | ・ | 足 |

マットは4枚重ね、3枚重ね、2枚重ね、1枚と、4つの場を作り、自分に応じた場を選択させる。

試技を終えた子は、マットの横に立たせ、「リズムに合わせて着手ができているか」「膝が伸びているか」を相互評価させるとよい。

（東條正興）

II 1　いろんな鬼ごっこ

 POINT! 毎時間の体育の授業に組み入れ、楽しく、たっぷり遊ばせる

I　「吸血鬼鬼ごっこ」（入門期におすすめ）

①　全員帽子「白」

②　先生は、みんなの血を吸う「吸血鬼」です。

③　先生にタッチされたら、帽子を赤にして、吸血鬼の仲間になります。

④　タッチはトンとします。ドーンと叩くのは、だめ。

⑤　「おいしそうな子どもたちがいるぞ～！」「血を吸うぞ～！」

※変化・「雪女鬼ごっこ」「凍らせるぞ～」と、教師が最初、鬼をする。

　　　・逃げる範囲があまり広いとだらけてしまうので、範囲を指定する。

　　　・時間を区切り、最後まで残った子に皆で拍手し、大いにほめる。

II　「恐怖の島めぐりゲーム」（体育館のサークルを使った鬼ごっこ）

①　全員帽子は赤にして、〇サークルに入ります。

②　ここは「島」です。ほかにも「島」がありますね。どこですか。

③　笛がなったら、違う島に変わらないといけません。

④　でもね、海には、こわーい先生サメがいます。「ガオ～」。

⑤　先生サメにタッチされたら、帽子を白にして、サメの仲間になります。

⑥　生き残れるかな。生き残った人、ばんざ～い！！

　どこに逃げるのかを自分で判断し、すばやく動かないと鬼に捕まってしま
う。子どもの様子を見て、3、4回繰り返し、生き残った子をほめる。

※変化・「大豚・中豚・小豚」体育館のサークルを「大豚の家」「中豚の家」
　　　「小豚の家」と決め、教師が指示した豚の家（円）に移動する。円の
　　　外にいる狼にタッチされたら、狼の仲間になる。

III　「氷鬼」（様々な形に変化して遊ぶ鬼ごっこ）

① 氷鬼をします。凍ったら、「大」の字になって凍ります。

② 味方にタッチしてもらったら、氷がとけて、逃げることができます。

③ 最初の鬼は1、2班（クラスの3割程度）。鬼は帽子白。みんなは赤。

④ 逃げるのは、体育館の中。時間は1分。

⑤ 凍ったら、どうすればいいかな。「助けて〜」って仲間を呼ぶ。

⑥ 助けてもらったら、どうするの。「ありがとう」と言って逃げる。

⑦ 生き残った人？　助けてもらった人？　うれしかったね。

※変化・足を開いて凍る→くぐってもらったら、とける。

・馬になって凍る→跳んでもらったら、とける。

・お地蔵さん→手を合わせてお辞儀をしたら、とける。

・ロケット→上から2人の輪がとおったら、とける。

Ⅳ　「恐怖のアマゾン川」（体育館のラインを使った鬼ごっこ）

① ここは、アマゾン川。ワニにつかまらないように、向こう岸に行きます。

② タッチされたら、スタートからまた挑戦。

③ 最初は1、2班の人（3割程度）がワニです。

④ 時間を切り、交代する。

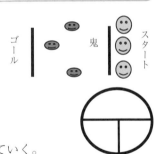

※変化・しっぽとりやタグ取り鬼ごっこにつなげていく。

Ⅴ　円鬼　（運動場に○を描けば、すぐできる鬼ごっこ）

① 3人組になります。鬼は真ん中。あとの人は、線の上に立ちます。

② 3人で「よーいどん」と言います。線の上しか逃げられません。

③ 鬼にタッチされたら、鬼と交代します。

鬼がなかなか交代できないときは、時間を切って行うとよい。

（佐藤貴子）

2　ドンジャンケン

👆 **場づくりの変化が、子どもの思考を引き出す**

1. ドンジャンケンのルール

ドンジャンケンのルールは次の通り。

---
① 出会ったら、「ドーン」と言いながら軽くタッチする。

② ジャンケンをする。

③ 勝ったら進む。負けたら自分の列に戻って並ぶ。

④ 相手の陣地に入ったら勝ち。

体育館の床にあるラインを利用して行う。

2. 場を複雑にしていく

場づくりは、右のような順に変えていく。⑥に近づくほど、場が複雑になる。そのため、攻め方や守り方のバリエーションも増える。だから、勝敗がついた後は、必ず作戦タイムをとるようにする。時間は30秒程度と短くてよい。

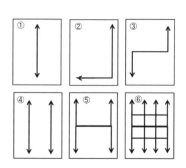

3. 授業の実際

男女に分かれて、ドンジャンケンをします。

①の場からはじめる。それぞれの陣地と走るラインの色を告げたら、ドンジャンケンを開始する。それぞれの陣地の前にフラフープを置き、

「ジャンケン後に、フープに片足が入ったら勝ち」
のように勝敗がはっきりとわかるようにしておく。

　教師は全体を見渡せる場に立ち、勝負の行方を
見守る。そして、勝負がついた瞬間に、全員を真
ん中に集めて勝敗を告げる。その後、

> ○回戦を行います。どうすれば勝てそうか、30秒間話し合いなさい。

　と指示する。これを繰り返す。

　「もっとやりたい」という声が上がるほど子どもたちは盛
り上がるが、5分程度で止めて、次の体育の時間から準備運
動として行わせるようにする。

　なお、向山型体育＆TOSS体育MIXセミナーExtra
（2019.10.14）で、鈴木恭子氏は右の場づくりでのドンジャン
ケンを提案された。

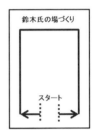

鈴木氏の場づくり

スタート

　この場づくりには、「勝敗が決する度に集合させなくてもよい」、「勝った子
は、自分のチームから大歓迎される」というメリットがある。バリエーション
に加えておきたい。

　外でもできる。右のような折れ
線や曲線、渦巻きなどを描いて行
わせると、子どもたちは喜ぶ。ま
た、2種類以上の場を描いて、そ
れらを組み合わせて行うこともで
きる。

（村田正樹）

3　多様な動きづくり＝バランス・力試し系

1．様々な動きを次々と行い、バランス感覚を身に付ける

> 片足で回ります。くるん。上手です。

「次は、反対の足で。くるん」「両手を広げて。くるん。すごいね」と、ほめ
ながら指示を出す。まずは、一人で行う。慣れて
きたら仲間と関わり合う活動を入れる。

> お隣さんと息を合わせます。くるん。反対
> も、くるん。とっても上手です。

「手の高さ（角度）を同じにして」「3回連続で」「膝を胸まで上げて」など、
教師の指示で次々に回る。十分に体験を積むと、苦手な子も徐々にバランスが
取れるようになる。さらに慣れてきたら、動きを思考させると熱中する。

> ペアで相談して、回り方を考えなさい。

　子どもから様々な動きが出る。全体を2つに分けて、相互に見合う活動もで
きる。万が一、危険な動きが出た場合には、全体を止めて注意をすればいい。
　苦手な子には、両足で回ったり、何度かに分けて1回転したりするようにす
る。チャレンジしたらほめる。回れる角度が大きくなったら大いにほめる。

> ペアを組みます。1回転をしてから、じゃんけんをします。

「じゃんけんぽん」を言わせるとそろう。反対回りもさせる。「片足を浮かし
て」「2回転してから」「ジャンプ中に回転して」「足じゃんけん」「体じゃんけ
ん」などの変化をつける。足が接地する時間を短くする、面積を減らすなど、
徐々に不安定にしていく。回りすぎてしまう子や回転が足りない子への配慮と

しては、目印となる目標物（遊具や木など）やマーカーなどを活用する。

一人一人の動きを見て回る場合、基本的に驚いたりほめたりするとよい。なお、「バランスをとっているか」「様々な体の部位を使っているか」「安全に運動できているか」の視点で評価をする。

2. 力試しの運動は、加減を調節したり適度な力で運動を継続したりする

> 手押し車をします。お友達の膝を持ちます。

必ず左右の膝頭を持つ。足首を持つと膝から落ちたときに危険だ。体重が重い子を持ち上げる場合は、両手で片方の膝頭を持つ。片足が自由になる。

わきの下を抱えて引く運動も、力加減を調節できる。

> 仰向けに寝ているお友達の脇を抱えます。ゆっくり引きずります。

より安全に行うためには「手を胸の前でクロスさせます」「お尻を1cmだけ浮かして」「音を立てずに」「2mだけ運びます」などの指示と合わせるとよい。

おんぶをして歩く運動は、力の入れどころを学ぶことができる。

> 脇を締めて抱えます。腕を体の前で合わせます。

おんぶのポイントは、腕の力で足を持ち上げるのではなく、肘の関節を固定して足を乗せること、軽く前傾姿勢になることだ。「その場で」「3歩だけ歩く」「ゆっくり向こうまで歩く」と変化をつける。

力試しの運動は、目いっぱい力を出す運動ではなく、力加減を調節したり適度な力で運動を継続したりすることだ。

（郡司崇人）

4　多様な動きづくり＝スキップ・ケンパ

 気になる子の動きを見取りつつ、できないことが分からないように配慮する

1．リズム太鼓に合わせて動く

> 太鼓の音に合わせて歩きます。（トトン、トトン）

　「ドドン（大きめの音）、止まります」「両手を広げてみて、誰にもぶつからない場所で止まります」「できた人？　すごいね」とほめてから再度太鼓を叩く。「走ります」「後ろ向き」「スローモーション」「早送り」など変化させる。

> 右足でケンケンをします。疲れたら左。

　「できるだけ低く」「高く」「速く」「遅く」「右右、左左」「つま先で」「かかとで」など、滞空時間を延ばしたり、接地する箇所を変えたりする。十分に慣れてきたら、「後ろ向き」「横に」などの動きを取り入れることもできる。姿勢やリズム、速さ、方向などを変化させていく。

> ケンパ、ケンパ、ケンケンパー。（ピタ）

　「パ」で若干止まる。最後の「パー」でピタリと止まることができた子を大いにほめる。
　自分の好きな方向に進ませる。周りを見ながら、動きを調整できるようになるからだ。安全面で気になる場合には、全体を止めて注意点を伝える。リズム

太鼓のスピードを上げて「ケンパ、ケンパ、ケンケンパー」を言ったり、「ケンパ、ケンパ、ケンケンパー、ケンケンケンパ、ケンケンパー」のように、一度の動きを長くしたりすると面白い。

　苦手な子には、リズムよく息を吐きながらさせたり、友達や教師と手をつないで動きを合わせたりするとよい。一度目でできていなくても、何度も学習するうちに上達すれば良い。なお、ケンパができれば、跳び箱が跳べる可能性が高まる。跳び箱運動を主運動としたときの準備運動としても適している。

2. スキップしながら、出会った人と○○で、楽しく運動ができる

> スキップしながら、出会った人とこんにちは。

　高学年でもこの指示で楽しく運動できる。リズム太鼓を一定時間ならして、「ドドン」で止める。「何人とあいさつしましたか」「目と目は合いましたか」と評価を入れる。こうすることで、適当に運動をする子が減る。

> スキップしながら、出会った人とハイタッチ。最大、5人。

　通常、子どもが一カ所に集まり過ぎてしまうので、人数指定をすると集団がばらける。体育館の場合はフロア全体でよいが、運動場の場合は先生がトラックの中心辺りに立ち、「トラックの内側、先生よりも前」とすると、場所を制限できる。また、目線を上げて誰とタッチしようか考えながら運動するようになる。

> タッチしながら1回転して別れます。3人とできたら集まります。

　「タッチではなくて、腕を組んで1回転」「肘を合わせて」「いろいろな部分で試して」などと変化をつけて楽しめる。また、「空中で向きを変えて」「できるだけ細かく」などと変化させると熱中する。集まった後に「誰が上手でしたか」「誰が工夫していましたか」などと問うと、さらに活動が主体的になる。

（郡司崇人）

Ⅱ 5 固定遊具を使って＝外での活動

　固定遊具は「高所からの跳び下り」「腕支持」「高さ感覚」「物を握る感覚」などを養うことができる。

1. 跳び下りた時の着地の仕方を教える

> 着地をする時、膝をぐっと深く曲げます。顔は上げます。

　膝を突っ張ったまま着地をすると、膝を痛める危険性がある。また、顔を下げて跳び下りると、着地した時に体が前に突っ込んでしまい、大変危険である。

2. 授業開始から運動量を確保する

　運動量を確保し、子どもたちを楽しく活動させるには、以下の指示が有効である。授業開始すぐに行う。

> ××に○○したら、戻ってきなさい。

　例えば、「鉄棒にタッチしたら、戻ってきなさい」「雲梯にぶら下がって10数えます。できたら戻ってきなさい」「登り棒の一番上まで登ったら、下りて戻ってきなさい」などである。短時間で次々と指示を出し、活動させる。

　「○○にタッチしたら戻ってくる」など、最初は誰でもできる簡単な運動から始める。ポイントは、「待たない」ことだ。全員が戻ってくるまで待たない。8割ぐらいの子どもが戻ってきたら、次の運動の指示を出すようにすると、子どもは素早く動くようになる。戻ってきた子は、教師の手にタッチして戻ってきた順に並んで腰を下ろさせておく。

3. リレー形式で対話を生ませる

「××に○○したら、戻ってくる」という運動を行った後は、固定遊具を使ったリレーを行う。例えば、鉄棒ならば、以下のような指示を出す。

> 鉄棒リレーをします。鉄棒にタッチをしたら戻ってきます。戻ってきたら次の人の手にタッチします。次の人は、タッチされたらスタートです。

1チームの人数は、4〜6人とする。初めは、「鉄棒にタッチするだけ」などの簡単な運動から始める。次に「前回りおり」「地球回り」「逆上がり」「足かけ上がり」など少しずつ行う技の難易度を上げる。行う技は、学年や児童の実態や技の習熟度によって変える。もし、技ができない子がいる場合は、「3回挑戦してできなかったら、戻ってきてよい」などのルールを加える。

リレー形式で行うことによって、チーム内で走順などの作戦を考えたり、お互いにアドバイスを出し合ったりするようになり、自然と対話が生じる。

なお、鉄棒は「技ができたら、戻ってくる」を基本とする。これがジャングルジムや登り棒ならば「半分まで登ったら戻ってくる」「てっぺんにタッチして戻ってくる」など、その器具に合った運動のバリエーションで行うとよい。

また、第1走者は「前回り下り」、第2走者は「逆上がり」など、走者によって技を指定したり、高さを変えたりして行わせても面白い。

4. ぶら下がってボールキャッチ

ジャングルジムや肋木など、ぶら下がれる遊具にぶら下がりながらボールを取る運動である。

> ぶら下がっている人にボールを投げます。
> ぶら下がっている人は足でキャッチします。

ボールを足でキャッチできたら、次の人と交代する。3回やって取れなかったら交代する。

「太もも」「膝」「足の先」などキャッチする部分を変えたり、片手でキャッチしたりとバリエーションを変えたりすると、子どもたちもより熱中して取り組むようになる。

（岡　城治）

II

I　子どもの身体能力を高める運動遊び

6　固定遊具を使って＝体育館でのサーキット運動

 強化したい体力項目を、帯時間で鍛えていく

1. 各校の実態に合わせて準備運動を工夫する

　子どもの身体能力を高める運動として、サーキット運動を紹介する。サーキット運動とは、走る、跳ぶ、登るなどの様々な運動群を取り入れることで、総合的に体力を高めていく方法である。

　最大のポイントは、各校の体力課題に合わせた運動群を設定できることである。

　例えば、新体力テストの結果を受けて「走力」を強化したい場合には、「走力」の向上をねらった運動群を設定すればよい。「握力」を強化したい場合には、「握力」の向上をねらった運動群を設定すればよい。

　「走力」強化に重点を置いた場づくりの例を、以下に紹介する。

2. 場づくりの実際とポイント

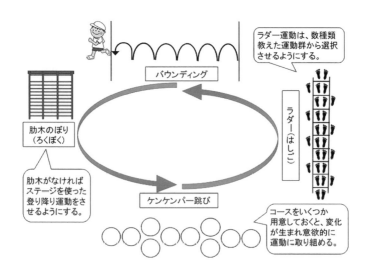

3. 走力向上に効果のあるバウンディング

　子どもの足を速くしたいのならば、このような活動を年間通して行わせるのがよい。特に、「バウンディング」はくり返しやっていくことで「脚力の強化」につながる。やり方を以下に示す。

①　20m〜30m の走路を確保する。
②　「できるだけ少ない歩数」で走らせる。

　足の速い子は、身長に関係なくバウンディングの歩数が少ない傾向がある。つまり、一定距離を少ない歩数で走ることができるようになれば、走スピードが高まったのだと考えることができる。

　わざわざタイムをとらなくても、バウンディングの歩数を数えるだけで「走力の伸び」をメタ認知することができる。

　この練習方法を提示すると、子どもは自主的に練習をするようになる。結果、50m 走の記録向上につながる。

4. 準備なしで授業をスタートするための工夫

　固定遊具を使ったサーキット運動を教えておけば、教師の準備は要らない。フラフープやラダーを置く代わりに、床に色テープを貼っておく。ステージの段差や肋木（ろくぼく）を活用すれば、すぐに運動を始めることができる。

　着替え、移動が終わった子たちは次々と運動を始める。教師はその間に活動の準備をすることができる。空白の時間をつくることなく、体育授業の導入をマネジメントできる。

各自の運動レベルに合ったペースで取り組める

　このことも、サーキット運動の良さである。教師の合図があるまでに何周も取り組もうとする子もいれば、自分のペースでゆっくり取り組む子もいる。

　数分後、子どもたちを呼び集めて、「何周取り組めたか」を確認する。この確認があると、子どもたちは真剣さを保って準備運動に励む。

　以上のことを、年度始めに指導しておく。　　　　　　　　　　　（奥本　翼）

中学年

動きを高める教師の言葉
① 向きや姿勢、人数を変えてチャレンジしてみよう。
② 工夫した動きをタブレットで撮影して、紹介しよう。
③ 他のグループが考えた工夫した動きを、みんなでやってみよう。
④ 使った用具は、決めた用具置き場にきちんと戻そう。
⑤ 用具を増やしてやってみよう。

・伝承遊びや集団運動
・ボール、なわ、体操棒、フープを用いる
・回る、寝転ぶ、起きる、座る、立つ、渡る、体のバランスを保つ動き
・這う、歩く、走る、跳ぶ、はねる、登る、下りるなどの動き
・3〜4分の一定の速さでのかけ足
・用具をつかむ、持つ、降ろす、回す、転がす、くぐる、運ぶ、投げる、捕る、跳ぶ、用具に乗る、跳び越すなど巧みに用具を操作する
・人や物を押す、引く、運ぶ、支える、ぶら下がるなどの力試し

「あなたも動きスペシャリスト！」

中学年では「体ほぐしの運動」と「多様な動きをつくる運動」を扱う。低学年で学習した様々な基本的な動きに加えて更に多様な動きを身に付けたり動きの質を高めたりする。特に多様な動きを作る運動では、体のバランスをとる、移動をする、用具を操作する、力試しをするといった内容を組み合わせることが大切である。

高学年

「体力アップ大作戦！」

高学年では「体ほぐしの運動」と「体の動きを高める運動」を扱う。中学年で身に付けた基本的な動きを基に体の様々な動きを高めるための運動を行う。自己の課題をもち、楽しく運動を行いながら体力の向上を図る。学んだことを生かして授業以外でも取り組むことができるようにする。生涯スポーツにつなげる。

・伝承遊びや集団運動
・徒手での運動
・用具を用いた運動
・人や物の動き、場の状況に対応した運動
・人や物の重さなどを用いた運動
・時間やコースを決めた行う全身運動
・5〜6分程度の無理のない速さでの持久走

動きを高める教師の言葉
① 静的なものと動的なものを選ぼう。
② その動きは、何のためにやるの？
③ 曲に合わせて自然に体を動かそう。
④ 体力を高めるために負荷をかけていこう。
⑤ 家でも練習している人？
⑥ 全身を動かそう。
⑦ 前よりも大きく、広げたり曲げたり伸ばしてみよう。

【体つくり運動指導のポイント】単純なトレーニングにならないよう運動の楽しさや喜びを味わわせる

52

①体つくり運動・全体構造図

指導計画のポイント

他の領域において扱いにくい様々な動きを取り上げる。

就学時前の運動遊びの経験を引き継ぎ、小学校でも様々な運動遊びに親しむことをねらいとする。

将来の体力の向上（スポーツライフ）につなげていくために、様々な基本的な体の動きを培う運動を体験させたい。できる・できないにこだわりすぎず、楽しさや心地よさ、仲間との交流、体力の高まりに気付かせたい。年間に1回ではなく、学期に1回など複数回取り組むように位置付けたい。

学習指導要領のポイント

① 資質・能力

・体つくり運動は、生涯にわたって心身の健康を保持増進し豊かなスポーツライフを実現するための基盤となる運動である。他の単元の準備運動に充てるなど帯で実施せずに、単独単元で扱う。

・「約束を守り、公正に行動する、友達と協力して活動する、自分の役割を果たそうとする、安全に気を配る」などを授業づくりのポイントとする。

② 見方・考え方

・「自分や友達の体の動きへの気付き」や「自分の体との交流・自分と友達との交流・自分と先生との交流」といったねらいに即した運動を取り上げる。

・発問や言葉かけを工夫することで、自分や友達と対話しながら深い学びへと導いていく。

低学年

「からだランドで楽しもう！」

年間で複数回の運動遊びを行う。

「体ほぐしの運動遊び（手軽な運動遊び）」と「多様な動きをつくる運動遊び」において取り上げる運動遊びが似通ってくることも考えられる。そのため各々のねらいを明確にして、意図的に場（コーナー）を設けることが大切である。

・用具で遊ぶ
新聞紙、テープ、ボール、なわ、体操棒、フープ
・回る、寝転ぶ、起きる、座る、立つなどの体のバランスをとる
・這う、歩く、走る、跳ぶ、はねるなど体を移動する
・2~3分の一定の速さでのかけ足
・人を押す、引く、運ぶ、支えるなどの力試し

① つま先に力を入れて立ち上がろう。
② まっすぐ前を見てやってみよう。
③ 友達の上手な動きを見つけよう。
④ 楽しい用具の使い方を考えてみよう。
⑤ 上手にできるために、置き方など変えてみよう。
⑥ 動きを高める教師の言葉
協力してできたら、友達とハイタッチ！

Ⅱ 1 体つくり運動
②ビブスを使った授業

1. ビブスを使った体つくり運動の授業づくりのポイント

　運動の苦手な子どもや動きのぎこちない子の動きを高めることは、大きな課題である。その1つに、運動の楽しさを体感させることが考えられる。新学習指導要領の体育では、「動きや技能を確実に身につける」ことが強調されている。動きや技能を確実に身に付けるためには、運動する楽しさが伴わなければ意欲は湧いてこない。意欲無しに、向上は困難である。そのために、扱いが容易で、多くの学校で準備されている『ビブス』を教具として使用する。

　授業づくりのポイントは、「教えるところは教え、自由にさせるところは自由にさせるという組み立て」と「できる・できないよりも挑戦することの大切さを知ること」である。その上で、リズムとテンポを意識して次々と展開する。

2. 授業づくりの実際とその概要

　小学校1年生から6年生まで、実践可能である。どの学年であっても楽しめ、体の動きを高める運動になる。

① ビブスストレッチ

・ビブスを持ったままで背伸びや横曲げ、立位や長座や開脚での体前屈など。

② ビブスの投捕（1人）

・投げ上げて捕る→高い位置で捕る。低い位置で捕る。背中で捕る。足で捕る。ジャンプして捕る。

・投げ上げたら床を手で触ってから捕る。

・投げ上げたら拍手をして捕る。

・投げ上げたら回転して捕る。

・ビブスを持って走る→手、腕、胸、頭上。

③ ビブスの投捕（2人）

・ビジョントレーニング→顔をできるだけ動かさずに目を動かして捕る。

・キャッチボール→上投げ、下投げ、左右交代、片手投げ、両手投げ、後ろ向きで頭の上・股の間

・ビブスキャッチ→片方が前に投げて、もう片方が走ってキャッチする。
（①横に並ぶ　②2人が離れる）

④ グループでのビブス操作

・1人の動きをまねする（表現運動）→グループで創作する（創作運動）

・4〜6人のグループで輪になり、ビブスを横へパスして回す。

　自分の体の使い方（ボディーイメージ）を知る運動になる。　　　（桑原和彦）

③平均台を使った授業

POINT 「わたる」だけでも、1時間の授業ができる

1. 準備物　平均台（学校にあるもの全てを使う）、得点板（2つ）

2. 授業の様子（3、4年生）（1時間）

　平均台を用意したグループから、「端から端まで歩いて渡る」ように指示した。恐る恐る歩く子もいたが、渡れない子はいなかった。そこで、

1回目と違う渡り方をしなさい。

　と指示した。「簡単」とでも言いたそうに、後ろ向きや横向きで歩く子が出てきた。1回目と違っていればよいので、友達と同じ歩き方でも構わないこととした。3回目は、

まだ誰もやっていない渡り方をしなさい。

　と指示した。「思いつかなければ、誰かの真似をするように」伝えておいたが、子どもたちは全部で11通りの渡り方を考えていた。

・後ろ向きで　・両膝立ち姿勢で　・しゃがんで

・ぶら下がって　・横向きで

・仰向けになって　・ケンケンで　・大股で

・腰掛けて　・腹かけ姿勢

・一歩ずつ体の向きを変えながら

　4回目は、「面白そうだと思った友達の渡り方を真似して」渡らせた。

次に、「すれ違い」をさせた。

6人1チームとして、平均台の両端に並ばせた。

> 平均台の上ですれ違い、端で待っている人にタッチします。

　1組を指名し、実際に例示させて、動きを確かめていった。その時に、「途中で落ちたら、床を走って行ってタッチする」ことも話した。その後、しばらく練習させてから、

> 「すれ違いができたら1点」として、2分間で何点取れるか競争します。

　と話して競争させた。結果、1回戦は、Aチーム7点、Bチーム8点だった。
　1回戦は、2人が出会ったところでどちらかがしゃがみ、もう1人がそれをまたぎ越していくというパターンがほとんどだった。

> 2回戦をします。今よりもっと簡単にすれ違うことができる渡り方がないか、グループで相談して作戦を立てなさい。

　「ヒントは、始めにやった渡り方にヒントがあります」と話すと、「あー」という声が上がった。
　作戦タイムは3分間とった。どのチームも実際に平均台を使って、すれ違いやすい渡り方を探っていった結果、2回戦では右の写真のような工夫が見られた。

3.　平均台を使った運動遊びは豊富

　平均台を使った運動遊びの種類は多い。他の用具と組み合わせれば、「途中の輪をくぐって進む」「ボールを転がしながら歩く」「ボールを投げ上げながら歩く」「ボールを床に弾ませながら横移動」などの活動を行わせることができる。また、一度に2台の平均台を使えるなら、「2人で手をつないで歩く」、「2台の平均台を両手、両足で進む」、「2台の平均台を上向きで進む」、「2人で手をつなぎ、横向きで乗る」、「合図で場所を入れ変わる」などの活動を仕組むこともできる。

（村田正樹）

Ⅱ 「発達の段階」と「系統性」を踏まえた体育授業
1 体つくり運動
④短縄・長縄跳びの授業

 跳べない原因をスモールステップで解決する

1. なわとび運動の授業づくりのポイント

　なわとび運動は、一見簡単そうだが、実は手足の協応動作ができないと難しい運動である。短縄では、縄を回す手を下げた時に足は上にジャンプするリズム感と、長縄では、縄の動きを捉える視覚とリズム感が必要である。

　それらの協応動作が難しい場合は、【分ける】指導が有効である。同時にやると、わからなくなるので、1つずつ簡単な動きに分けて指導する。分けることで容易になり「できる」。「できる」ことの積み重ねで自己肯定感も上がり、次のやる気につながって運動量が増える。

2. 短縄の授業の実際

（1）縄を持たない

　その場でジャンプをする。リズミカルに跳べるようにするために、リズム太鼓を使い、音で誘導して跳ばせる。2秒に1回、1秒に1回、1秒に2回、1秒に3回……というようにだんだん速くしていく。速く跳ぶほど、

ジャンプを大きく跳ばないことを体感する。短縄を2つに折って足元に置き、前後や左右に跳び越しながらジャンプすると飽きない。

（2）いろいろな種類を毎回少しずつ

　短縄跳びは、1つの技を1回で習得することは難しい。何度もくり返して体得する運動である。いろいろな跳び方を少ない回数で指示する。できてもできなくてもよい。くり返し挑戦することで動きに慣れていく。

　例えば、毎回授業開始5分間を活用する。冬場は、少ない場所で体がすぐに

温まる。10種類以上の技を10回ぐらいずつ行うとよい。

(3) 目標と反復練習をシステム化する

上達には、目標が必要である。その目標と努力の視点が明確なら、子どもは、自ら熱中して練習に励む。右の「なわとび級表A」「なわとび級表B」は、跳ぶ回数と跳び方が明確で、その評価は「級」として評価される。

二重跳びへ導く自学システムの要 「なわとび級表」(付属)

また、級ごとに縄跳びの柄に決まった色のテープを巻くというシステムも合わせて行うことで、友だち同士の関わりをつくることができる。

3. 長縄の授業の実際

(1) 縄を跳ばない

長縄は「つっかかる」ことが恐怖なのである。ならば、最初の指導は、「ドンマイ」の声かけ練習である。「失敗するのは、本人のせいだけではないんだよ。前の人のタイミングが遅かったり、縄の後ろの方で跳んだ時も次の人が引っかかってしまうんだよ。だからひっかかったらみんなで『ドンマイ』って言おうね」

次に、縄を回さず「またぐ」指導である。動いているから跳べない。ならば、止まっている縄を跳んで「できた」とする。次のステップに進みやすい。

(2) 合言葉を使って、スモールステップで楽しく跳ぶ

①「(縄が) 過ぎたら、入って、シュッ (通り抜け)」②「過ぎたら、入って、ピョン (跳ぶ)」③「過ぎたら、シュッ」④「過ぎたら、ピョン」⑤「過ぎたら、ピョン」⑥連続跳び (桑原和彦氏の実践)

(鈴木恭子)

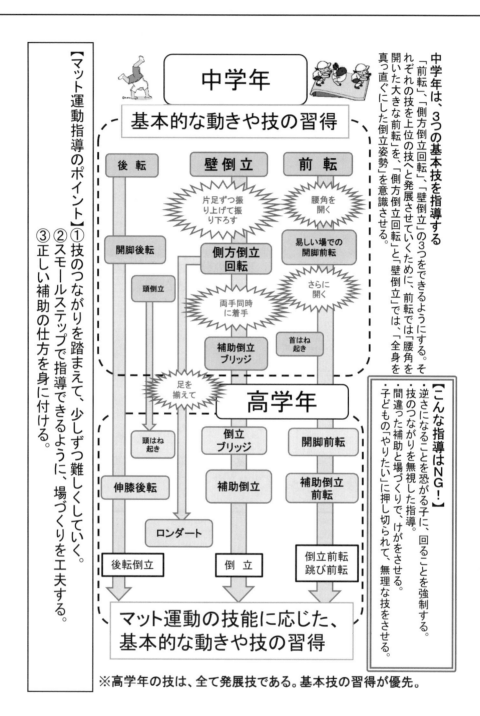

中学年は、3つの基本技を指導する

「前転」、「側方倒立回転」、「壁倒立」の3つをできるようにする。それぞれの技を上位の技へと発展させていくために、前転では「腰角を開いた大きな前転」を、「側方倒立回転」と「壁倒立」では、「全身を真っ直ぐにした倒立姿勢」を意識させる。

【マット運動指導のポイント】
①技のつながりを踏まえて、少しずつ難しくしていく。
②スモールステップで指導できるように、場づくりを工夫する。
③正しい補助の仕方を身に付ける。

中学年

基本的な動きや技の習得

後転　壁倒立　前転

片足ずつ振り上げて振り下ろす

腰角を開く

開脚後転

易しい場での開脚前転

頭倒立

側方倒立回転

両手同時に着手

さらに開く

補助倒立ブリッジ

首はね起き

高学年

足を揃えて

頭はね起き

倒立ブリッジ

開脚前転

伸膝後転

補助倒立

補助倒立前転

ロンダート

後転倒立　倒立　倒立前転 跳び前転

マット運動の技能に応じた、基本的な動きや技の習得

【こんな指導はNG！】
・逆さになることを恐がる子に、回ることを強制する。
・技のつながりを無視した指導。
・間違った補助と場づくりで、けがをさせる。
・子どもの「やりたい」に押し切られて、無理な技をさせる。

※高学年の技は、全て発展技である。基本技の習得が優先。

指導計画のポイント

低学年で経験して身に付けた体の動かし方や運動感覚を生かすように、学習を組み立てる

低学年では、マットに背中や腹などをつけていろいろな方向に転がったり、手や背中で支えて逆立ちをしたり、体を反らせたりするなどして遊ばせて、体の動かし方や運動感覚を身に付けさせる。

中学年では、前転、側方倒立回転、壁倒立を中心に回転系や巧技系の基本的な技を身に付ける。

その上で、高学年では、自己の能力に応じた回転系や巧技系の基本的な技を安定して行ったり発展技に取り組んだりさせる。

学習指導要領のポイント

① 資質・能力
・「器械・器具を使った運動遊び」で経験して身に付けた体の動かし方や運動感覚を生かして、様々な動きに取り組んだり、自己の能力に適した技や発展技に挑戦したりして技を身に付ける。

② 見方・考え方
・上手な子の動きを観察することで、効率的な体の動かし方があることに気付く。
・自分や友達の動きを効率的な体の動かし方と比べて見ることで、自他の課題に合った活動を選んだり工夫したりして、解決を図ろうとする。

③
・発達障害への対応
・できないことが続かないように、スモールステップを設けて、小さな成功体験を何度も経験させる。

低学年

基本的な動きの習得

| 前転がり | 後ろ転がり | 壁上り逆立ち |

| ゆりかご | うさぎ跳び | 肋 木 |
| | | ブリッジ |

| だるま転がり | 丸太転がり | 腕立て横跳び越し |

（背支持倒立 / かえるの逆立ち / かえるの足打ち / 支持での川跳び）

運動感覚や体の動かし方を身に付けさせる

① いろんな方向に転がることを通して、体の各部をマットに順序立てて触れさせていく感覚を身に付けさせる。

② 手や背中で逆立ちすることで、頭越しの感覚、腕支持の感覚、逆さ感覚を身に付けさせる。

③ 「どこを見るとよいか」を問うことで、目線の向きと姿勢との関係に気付かせる。

④ 一度の指導でできることは目指さず、繰り返し指導することでできるようにすることを心掛ける。

Ⅱ 「発達の段階」と「系統性」を踏まえた体育授業
2 器械運動
②マット運動の授業

 多種多様な運動を組み合わせて、2つの「技能」を高める

1.「前転」の基礎技能

「前転」は、前に転がり、足から足へと転がりを完了させる技である。次の「基礎技能」が身に付けば習得したといえる。

A:「順次接触の技術」と「伝導の技術」を使う技能

B:「頭越し」の技能

「順次接触」とは、マットに後頭部、肩、背中、おしり、足裏と順に接触することである。「伝導」とは、動き出しから立ち上がりまでの一連のエネルギーの伝導のことをいう。「頭越し」は、足が頭の高さを越えることである。

2. 前転習得までのトレーニング

A、B技能それぞれに習得のトレーニングがある。以下、図にまとめた。

〈A技能習得のためのトレーニング〉	
① 仰向けから、片膝を曲げ、膝を伸ばす時に上体を起こす。反対の膝、両膝でも行う。	
② 両足を垂直に上げた姿勢から起き上がる。	
③ 長座から後ろに転がり、再び起き上がる。腕組みをして行う。	
④ 長座から後ろに転がり、マットに足を着けてから起き上がる。	

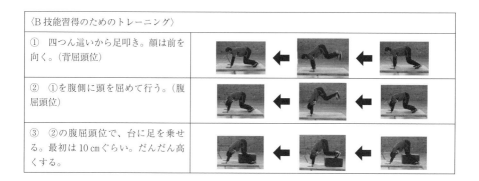

〈B 技能習得のためのトレーニング〉	
① 四つん這いから足叩き。顔は前を向く。（背屈頭位）	
② ①を腹側に頭を屈めて行う。（腹屈頭位）	
③ ②の腹屈頭位で、台に足を乗せる。最初は 10 cm ぐらい。だんだん高くする。	

　さらに、A 技能と B 技能を活用した次のトレーニングも効果的である。

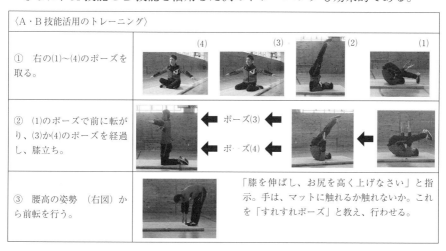

〈A・B 技能活用のトレーニング〉	
① 右の(1)〜(4)のポーズを取る。	
② (1)のポーズで前に転がり、(3)か(4)のポーズを経過し、膝立ち。	ポーズ(3)　ポーズ(4)
③ 腰高の姿勢 （右図）から前転を行う。	「膝を伸ばし、お尻を高く上げなさい」と指示。手は、マットに触れるか触れないか。これを「すれすれポーズ」と教え、行わせる。

　上記の基礎技能とトレーニング内容は、『マット運動』（金子明友 著／大修館書店）を元にしている。

　大川学級（小学 1 年生）では、このトレーニングを朝 5 〜 7 分間で実践。指導前の 10 月 24 日の時点では、29 名中 10 名成功だったが、12 月 4 日に、29 名全員成功となった。1 年生でも前転はできる。

（大川雅也）

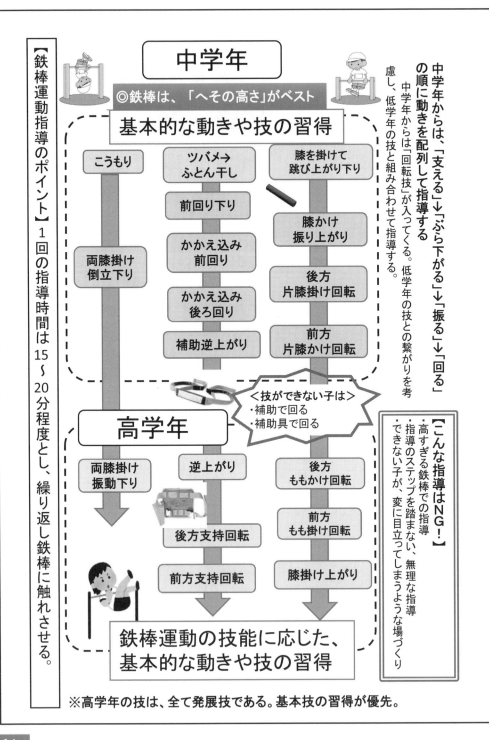

中学年

◎鉄棒は、「へその高さ」がベスト

中学年からは、「支える」→「ぶら下がる」→「振る」→「回る」の順に動きを配列して指導する

中学年からは「回転技」が入ってくる。低学年の技との繋がりを考慮し、低学年の技と組み合わせて指導する。

基本的な動きや技の習得

こうもり	ツバメ→ふとん干し	膝を掛けて跳び上がり下り
両膝掛け倒立下り	前回り下り	膝かけ振り上がり
	かかえ込み前回り	後方片膝掛け回転
	かかえ込み後ろ回り	前方片膝かけ回転
	補助逆上がり	

<技ができない子は>
・補助で回る
・補助具で回る

高学年

両膝掛け振動下り	逆上がり	後方ももかけ回転
	後方支持回転	前方もも掛け回転
	前方支持回転	膝掛け上がり

鉄棒運動の技能に応じた、基本的な動きや技の習得

【こんな指導はNG！】
・高すぎる鉄棒での指導
・指導のステップを踏まない、無理な指導
・できない子が、変に目立ってしまうような場づくり

【鉄棒運動指導のポイント】1回の指導時間は15〜20分程度とし、繰り返し鉄棒に触れさせる。

※高学年の技は、全て発展技である。基本技の習得が優先。

学習指導要領の ポイント

① 資質・能力
・「器械・器具を使った運動遊び」で経験して身に付けた体の動かし方や運動感覚を生かして、様々な動きに取り組んだり、自己の能力に適した技や発展技に挑戦したりして技を身につける。

② 見方・考え方
・上手な子の動きを観察することで、効率的な体の動かし方があることに気付く。
・自分や友達の動きを効率的な体の動かし方と比べて見ることで、自他の課題に合った活動を選んだり工夫したりして、解決を図ろうとする。

③ 発達障害への対応
・できないことが続かないように、スモールステップを設けて、小さな成功体験を何度も経験させる。

指導計画の ポイント

低学年で経験して身に付けた体の動かし方や運動感覚を生かすように、学習を組み立てる

低学年では、逆さ姿勢でぶら下がって揺れる（振る）ことを重視した指導を心がける。

中学年では、後方片膝掛け回転を中心に指導して、回転に必要な体の動かし方や運動感覚を身につけさせる。

高学年は、低・中学年で身につけた技能を使って、主として腕支持回転の技群に挑戦させる。

低学年

基本的な動きの習得

前に回って下りる	ぶたの丸焼き
ふとん干し	こうもり
ツバメ	足抜き回り
さる	ぶら下がり
跳び上がり・跳び下り	

固定遊具を使った運動遊び
・ジャングルジム
・登り棒
・雲梯
・肋木

運動感覚や体の動かし方を身に付けさせる

① 手や腹、膝で支持したり、ぶら下がったり、揺れたりする経験を十分にさせること。できるようにすることを目指すが、できない時は、補助をするなどしてできるようにさせる。

② 各姿勢でのジャンケンや跳び下り競争などで楽しく遊ばせながら、運動感覚や体の動かし方を身につけさせる。

③ 逆さ姿勢のまま揺れたり振ったりする時は、「どこを見ると大きく揺れる（振れる）か」と目線の向きを取り上げる。

④鉄棒運動の授業

 ゴールを見据え、簡単な技から順につないでいく

1. 鉄棒運動の授業づくりのポイント

鉄棒運動は系統性が強い。まずは、自分が指導したい技と他の技とのつながりを理解する。その上で、簡単な技から難しい技へと順につないでいくように指導の流れをつくる。その際、「支える」→「ぶら下がる」→「揺れる・振る」→「回る」の順で動きをつないでいくようにする。

2. 授業づくりの実際とその概要

後方片膝掛け回転の授業を例に挙げる。

(1) 低学年の動きで骨格をつくる

後方片膝掛け回転は、中学年に例示されている技である。低学年で経験する技からつながるように指導の流れをつくると、右のようになる。

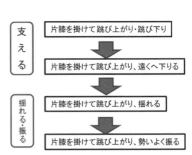

| 支える | 片膝を掛けて跳び上がり・跳び下り |
| 片膝を掛けて跳び上がり、遠くへ下りる |
| 揺れる・振る | 片膝を掛けて跳び上がり、揺れる |
| 片膝を掛けて跳び上がり、勢いよく振る |

ここまでの指導は、低学年でも十分に行うことができるものである。神経系の発達が著しい低学年期には、特に、逆さ姿勢になって揺れたり振ったりする経験を十分に積ませたい。

(2) 中学年からは、技のポイントを理解させ、習得・活用させる

「振る」から「回る」へと発展させていくのが、中学年からの指導である。

次のことを指導する。

①　回り始めは、肘と背筋をピンと伸ばす。
②　鉄棒に掛けていない足は、鉄棒に近づける。
③　起き上がるときは、胸と膝を近づける。

これらは、全ての回転技に共通するものである。
写真を提示したり、上手な子の動きや動画を見せた
りして、「上手な子は、どことどこがピンとしてい
るかな」「起き上がる時はどうなっているかな」な
どと発問して、技のポイントに気づかせる。その後
は、ポイントとなる動きができているかを同じ列の
子同士で観察させたり、補助して回したりさせる。
技ができるようになった時は全員の前で披露させて
拍手で祝うとよい。さらに、全員ができるように
なったら、お祝いの会を開くなどのクラスイベント
に発展させてもよい。

なお、後方片膝掛け回転
は、前方片膝掛け回転との関
わりも深い。逆手に持ち替え
て、回転の方向を前に変えれ
ば、後方の時と同じ手順で指
導することができる。また、
高学年の後方もも掛け回転へ
と発展させることもできるの
で、後方膝掛け回転ができる
ようになった子には、積極的
に取り組ませたい。

（村田正樹）

中学年以降は、優れた指導法で積極的に追試する

「開脚跳び」や、「かかえ込み跳び」、「首はね跳び」などは、優れた先行実践がある。積極的に追試していくようにする。

なお、追試で成果を挙げるには、子どもたちのレディネスの問題がある。必要な感覚づくり、動きづくりは、事前に意図的・計画的に行っておくようにする。

【跳び箱運動指導のポイント】 意図を明確にした事前の感覚づくりと優れた指導法の追試。

中学年

基本的な動きや技の習得

前転

・跳び箱と同じ幅で回る
・高い所へ跳び上がって回る

台上前転

腰角を開く

伸膝台上前転

ステージからの首はね起き

TOSS式首はね跳び指導法

首はね跳び

頭はね跳び

※首はね跳びと伸膝台上前転は動きの系統を考慮して入れ替えてある。

支持でまたぎ乗り・またぎ下り

（A式）　（A）の方法

（B式）　（B）の方法

（向山式跳び箱指導法）

開脚跳び

踏み切りを遠くする

高学年

うさぎ跳び

根本・根津式かかえ込み跳び指導法

かかえ込み跳び

跳び箱運動の技能に応じた、基本的な動きや技の習得

※高学年の技は、全て発展技である。基本技の習得が優先。

【こんな指導はNG！】

・子どもの「やりたい」に押し切られて、無理な技をさせる。
・跳び箱が跳べないのに、そのまま放っておく。
・指導のステップを踏まない、無理な指導。
・跳び箱の高さだけを追求する指導。

学習指導要領のポイント

① 資質・能力
・「器械・器具を使った運動遊び」で経験して身に付けた体の動かし方や運動感覚を生かして、様々な動きに取り組んだり、自己の能力に適した技や発展技に挑戦したりして技を身につける。

② 見方・考え方
・上手な子の動きを観察することで、効率的な体の動かし方があることに気付く。
・自分や友達の動きを効率的な体の動かし方と比べて見ることで、自他の課題に合った活動を選んだり工夫したりして、解決を図ろうとする。

③ 発達障害への対応
・できないことが続かないように、スモールステップを設けて、小さな成功体験を何度も経験させる。

指導計画のポイント

低学年で経験して身に付けた体の動かし方や運動感覚を生かすように、学習を組み立てる

低学年では、手で支えたり跳んだりする運動遊びを行い、腕で体重を支えるという経験を積ませる。中学年以降は、「切り返し系」と「回転系」の2つの系統を指導する。

「切り返し系」の開脚跳びの指導は、低学年からの流れを重視した「向山式跳び箱指導A式B式」で行う。「回転系」の台上前転は、「マット運動「前転」の発展型と位置づけて指導していく。

低学年

基本的な動きの習得

壁上り下り倒立	支持で跳び乗り・跳び下り
前転がり	支持でまたぎ乗り・またぎ下り
ゆりかご	うさぎ跳び　踏み越し跳び
背支持倒立	かえるの逆立ち　タイヤ跳び　かえるの足打ち　馬跳び

2つの系統がある。分けて指導する
① 跳び箱を跳び越すには、「腕を支点とした体重移動」ができなければならない。これは、跳び箱運動に固有の運動の要素であり、他の運動では経験させにくい。意図的に経験させ、身に付けさせていくようにする。
②「腕を支点とした体重移動」は、馬跳びやタイヤ跳び、うさぎ跳び等で経験させることができる。普段の体育の準備運動で行わせていくが、必ず「手のひらをしっかりと着けて跳んでいるか」をチェックする。
③ 回転系の技の習得に向けた動きづくりは、マット運動と連動して行うようにする。

Ⅱ 「発達の段階」と「系統性」を踏まえた体育授業
2 器械運動
6 跳び箱運動の授業

POINT 切り返し系の入門「開脚とび」は向山式の追試に尽きる

1. 向山式跳び箱指導法とは

　向山洋一氏が考案した、どの子も 10 分以内に開脚とびができるようになる指導法である。日本全国で追試されている。A 式と B 式で構成されている。

＜A 式＞

① 跳び箱の上にまたいで座らせる。

② 跳び箱の端に手を着き、両脚の間に入れた両腕で身体を持ち上げさせ、前方に跳び降ろさせる。

③ ②の時、体重が腕にかかるようにゆっくりさせる。

　「跳び箱を跳ぶというのは、このように両腕で体重を支えることなんだよ」と説明する。通常 5、6 回やると上手になる。

＜B 式＞A 式の後に行う。

① 補助者は跳び箱の横に立つ。

② 跳び箱の 2〜3m 手前から助走させる。

③ 子どもが跳び箱を踏み切ると同時に、補助者は左手で子どもの左上腕をつかみ、子どものお尻か太ももを右手で下から支えながら、前に送って跳び箱を跳ばせる。

④ 何回か行ううちに、補助者の右手にかかる体重が軽くなってくる。

⑤ 子どもが一人で跳べそうだと感じたら、補助者は補助をわざと空振りする。

　「今、一人でできたよ！すごいね！」とほめる。

　大学 2 年の私は、この向山式をボランティアで追試し、大きな手応えを得た。現場に出てからも、担任した学級全てで全員成功を達成。向山式のお陰である。

2. さらに美しさを求める

手で壁を押し返す課題

手の突き放しを強くすると、空中局面が広がる。手で壁を押し返す課題が効果的だ。（前頁下の写真）

3. 台上前転のつまずき

台上前転は、両脚で踏み切り、跳び箱の台の上で前転し、マットに両足で着地する技のことである。

よくあるつまずきは、「横に落ちる」と「頭越しができない」である。

4. つまずきを克服する練習

(1) 「横に落ちる」を克服

前転を真っ直ぐできたという成功体験が大切である。

マットに 60 cm 間隔のテープを貼る。起き上がる時に、テープの間に立っていれば合格とする。

(2) 「頭越しができない」を克服

① マットで「腰高」の姿勢から前転

本誌「前転」の項で記した「腰高」の姿勢から前転を行う。

② トントントーンの前回り

助走なしで跳び箱に手を着く。

トントントーンのトーンでお尻を上げて台上前転を行う。

トントントーンの前回り

③ 跳び箱を縦に 2 つつなげて前回り（下の写真）

手前の跳び箱に乗り、台上前転を行う。成功したら、手前の跳び箱の段を下げていく。

「手前の跳び箱」の段を下げていく。

（大川雅也）

中学年

動きを高める教師の言葉

①ジャンプするときには、強く踏み切ろう。
②走り出す（スタートの）場所やスピードを変えてみよう。
③友達の動きを見て空中の姿勢を工夫しよう。
④足を高く上げるには、どのように足を動かしたらよいかな？
⑤安全に跳べるように着地しよう。

「遠くに！高くに！ジャンプ！」

段ボール箱を用意して、箱を複数並べたり積み上げたりして、様々な場を作る。遠くに跳ばせる幅跳び、高く跳ばせる高跳びと目的をもって取り組ませる。

友達と見合う場を作ることで工夫点や改善点などを話し合わせる。

段ボールの組み合わせ方を工夫して場を克服していくことで達成感を得ていく。

その他に「かけっこ・リレー」、「小型ハードル」を行う。

高学年

動きを高める教師の言葉

①ふり上げ足の裏を見せるように跳ぼう。
②「1、2、3」と声を出してリズムを取ろう。
③3歩で跳ぶために輪を置いてみよう。
④インターバルや高さを変えたコースから、自分に合ったコースを選びましょう。
⑤第1ハードルまでの速度をあげましょう。
⑥「ふり上げ足を高く！」「ぬき足をもっと横に！」「手を伸ばして！」「リズムよく！」と、友達に声をかけよう。

「リズミカルに走り超え ハードル走」

40〜50m程度の距離でハードル走を行う。インターバルは、3歩また5歩の奇数でリズミカルに跳ばせる。第1ハードルを決めた足で踏み切って走り越える。友達と見合う場を作ることで、体のバランスや空中姿勢など助言し合うことができる。苦手な子には、段ボール箱やミニハードルを使って安心して楽しく取り組むことができる場を設ける。

その他に「短距離走・リレー」「走り幅跳び・走り高跳び」を行う。

【陸上運動指導のポイント】遠投能力の向上を意図して「投の運動（遊び）」を加えて指導ができる。

学習指導要領のポイント

① 資質・能力
・「走る」「跳ぶ」などの運動で構成され、自己の能力に適した課題や記録に進んで挑戦する。
・競走（争）を楽しんだり、勝敗を受け入れる。

② 見方・考え方
・主体的に運動することで自信や達成感を得る。
・友達の動きや他のチームのゲームの行い方を見ることで仲間のすばらしさに気付く。
・ボールゲーム大会を開くことで、企画・運営に関わりみんなを支える。

③ 運動が苦手な子への対応
・友達との競走に苦手意識を強く持ちやすいので、個人の記録を得点化してのチーム対抗戦を行う。

指導計画のポイント

陸上運動は、競走（争）や記録の達成を目指す学習が中心となるが、競走では勝敗が伴うことから、できるだけ多くの児童に勝つ機会が与えられるように指導を工夫することがポイントである。また、最後まで全力で走ることや思い切り地面を蹴って踏み切るなど、体の全体を大きく、素早く、力強く動かす経験をすることができるようにする。

できるだけ多くの児童に勝つ機会を与える

低学年

「全力ダッシュ＆全力ジャンプ」

下のような多様なコースを提示し体験する。全力で走るための走り方、ジグザグ周回（カーブ）砂場コース高低コース低い障害物を越え方、前方や上方への跳び方などを考えさせる。

次に、友達と競走したり、前の友達を追いかけたり横向きや後ろ向きに向きを変えたりするなどの工夫をさせる。

・直線（長短）
・くねくね
・ジグザグ
・周回（カーブ）
・砂場コース
・高低コース
・低い障害物を直線に置く
・低い障害物をジグザグに置く
・輪などを置いて片足や両足で跳ぶ
・片足や両足で上方に跳ぶゴム跳び

動きを高める教師の言葉

① いろいろな方向に体を向けてみよう。
② カーブでスピードを落とさないためには？
③ 友達と工夫したコースを試してみよう。
④ 「グー」「パー」や「ケンケン」と声を出してみよう。
⑤ 足はどこに置いたら跳びやすいかな？
⑥ 友達の走り方や跳び方をまねしてみよう。

②リレーの授業

 目標を明確にすることで、チームの伸びを感じられるようになる

1. 学年によって違うリレーの楽しさ

　低学年のリレー授業は、相手チームと競い合う折り返しリレーがよい。スキップやケンケンなどの走り方を指定したり、途中に障害物があったりして、何度も競走していくことを楽しいと感じ、子どもたちから大人気の運動だ。

　中・高学年は、トラックを使ってのリレーになるので、走ることが苦手な子どもにはかなりの苦痛になる。しかし、「タイム」という明確な目標が立てやすい。そこで、相手と競走するのではなく、自分のチームタイムをいかに縮めるかということを追求させたい。授業で取り組む中で、記録を縮めるという成功体験をどの子も経験することができ、友達との協力や達成感を感じることができる。

2. 高学年での実践例（5時間扱い）

（1）準備するもの

　ストップウォッチ、コーン4つ

（2）場づくりの工夫

　以下の図のようなスピードスケート方式で取り組んだ。こうすることで、相手チームの走力に関係なく、自分のチームの正確な記録を計ることができる。

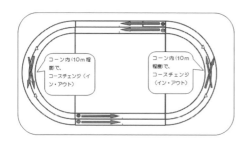

・2チーム対抗
・インコースでスタートした走者は、コーナーでアウトコースに出る。
・次の走者はアウトコース側で待ってバトンを受け取る。

（3）目標タイムの明確化と記録の点数化

　目標タイムは、チーム全員のタイムの合計にする。こうすることで、他の
チームと競うのではなく、自分のチームの記録を伸ばすことに集中する。

　次に、自分たちの記録を点数化する。点数
は、目標タイムと比べて計算する。

（例）目標タイム　　42秒

　　　記録　　　　　38秒

　　　今日の点数　　14点

　このように記録の伸びを点数により視覚化す
ることで、自分たちのチームの伸びをより感じ
やすくさせることができる。

＋9秒以上	1点	－1秒	11点
＋8秒	2点	－2秒	12点
＋7秒	3点	－3秒	13点
＋6秒	4点	－4秒	14点
＋5秒	5点	－5秒	15点
＋4秒	6点	－6秒	16点
＋3秒	7点	－7秒	17点
＋2秒	8点	－8秒	18点
＋1秒	9点	－9秒	19点
±0秒	10点	－10秒	20点

3. システム化するバトンパス練習

　リレーにおいて、タイムを縮める一番重要なポイントはバトンパスである。
以下の方法で行うと、子どもがずっとバトンパスの練習をすることができる。

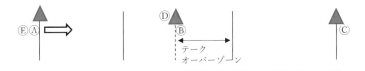

- Ⓐさんがバトンを持ち、Ⓑさんに向かって走る。
- Ⓑさんは、テークオーバーゾーン内でバトンを受け取り走る。
- 次に、Ⓒさんがバトンを持ち、Ⓓさんにバトンパスをする。
- Ⓓさんは、Ⓔさんの方に向かって走り抜ける。
- 次に、Ⓔさんがバトンを持ち、Ⓐさんにバトンパスをする。……

　教師は、中央に立ち、それぞれのバトンパスを評定していく。どのチームが
上手にできていて、どのチームはできていないところがあるのかを明確にす
る。バトンパスの技能が向上すると、タイムも飛躍的に縮めることができ、子
どもに多くの達成感を味わわせることができる。

（佐藤泰之）

Ⅱ 「発達の段階」と「系統性」を踏まえた体育授業
3　陸上運動
③ハードル走（小型ハードル）の授業

 発達段階に応じた指導を積み重ねることで経験値を上げていく

1. 学年による違い

ハードル走について、学習指導要領には以下のように書かれている。

【中学年】小型ハードル走
○いろいろなリズムでの小型ハードル走
○ 30〜40m 程度の小型ハードル走

【高学年】ハードル走
○ 40〜50m 程度のハードル走

運動が苦手な児童への配慮の例にも、「いろいろな材質の小型ハードル（ゴムを張った小型ハードルや段ボールを用いたハードル等）を使用したりする」と書かれている。

低学年では、体つくりの運動遊びの中に「這う、歩く、走るなどの動きで構成される運動遊び」や「跳ぶ、はねるなどの動きで構成される運動遊び」が例示されている。

折り返しリレー形式にするなどして、低学年のうちに、楽しみながら障害物を走り越えるという経験をたくさん積ませておきたい。

2. ハードルに代わる障害物

高さ 60cm のハードルが自分の走るレーン上にあることに恐怖を感じてしまう子どももいる。

そこで、中学年では、以下のような用具を使用することがある。

ミニハードル
ゴム製なので、踏んでも痛くない。高さも 15cm ほどなので、怖さも感じない。

マーカーコーン
地面より少し高さがあるので、障害物として認識しやすい。

ケンステップ
高さがないし、踏んでしまった
時にもそのまま走り抜けること
ができる。幅はあるので、走り越える感覚
を学ぶことはできる。

段ボール
様々な大きさや高さを揃える
ことができる。慣れてきたら
段ボール縦向きや2段重ねな
どチャレンジコースを作ることもできる。

3. 高学年ハードル走の実践例（全5時間）

(1) 準備物：ハードル4台×レーン数、コーン2個×レーン数

(2) 場づくり

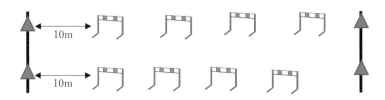

　40mハードル走。第1ハードルまでは10m、その後は、5m・5.5m・6m・6.5m・7mのインターバルでハードルを置いていく。

　事前に1レーン毎に、5色のスズランテープでポイントを打っておく。インターバルが5mは黄色、5.5mは青…など、色とインターバルを決めておくと、毎時間距離を測る必要もないので、子どものみで準備ができるようになるし、授業途中でインターバルを変更することも容易になる。

(3) 目標記録

　毎時間計測するタイムは、ハードルがない状態で走った40m走のタイムと比較するようにする。例えば、40m走が8秒で、40mハードルが10秒だったら、差は2秒ということになる。この差をいかに縮められるかを追求させたい。

(4) 単元計画

第1時：40m走タイム計測、ハードルの運び方や置き方を知る、40mハードル走タイム計測

第2時：振り上げ足の指導（「足の裏が見えるように走り越えます」）

第3時：踏み切りと着地の指導（「ハードルを中心に2（踏切）対1（着地）になるように走り越えます」

第4時：上体の使い方の指導（「頭が上下しないように走り越えます」）

第5時：記録会　　　　　　　　　　　　　　　　　　　　　　（佐藤泰之）

④走り幅跳びの授業

POINT リズミカルな助走から力強い踏切ができるようになるリズム幅跳び

1. 低学年のうちに基礎感覚・基礎技能を身に付ける

　走り幅跳びの基礎感覚には、リズム感覚・平衡感覚・跳感覚がある。これら
を身に付けさせるために、以下の運動を低学年から繰り返し行う必要がある。
　リズム感覚：スキップ、ギャロップ、グリコじゃんけん、リズム縄跳び
　平衡感覚：片足立ち、片足ずもう、平均台遊び
　跳感覚：両足跳び、ケンパー、スキップ、ギャロップ
　また、低学年で行う幅跳び遊びやケンパー跳び遊び、ゴム跳び遊びは、それ
ぞれ基礎感覚や基礎技能を身に付けるために重要な遊びなので、楽しませなが
ら行うようにしたい。

2. 「リズミカルな助走」とは

　学習指導要領解説体育編の高学年・陸上運動・走り幅跳びには、「リズミカ
ルな助走からの走り幅跳び」と明記されている。
　助走はただ速ければよいというわけではない。速いだけの助走では、上手に
踏み切って遠くに跳ぶことやバランスを整えた空中姿勢、安定した着地姿勢が
できない。踏み切る時には、最後の踏み切り足を着くリズムを早くし、助走の
スピードを効率よく生かして踏み切ることが重要である。この時の足を着くリ
ズムは、「タン・タン・タン……タン・タ・ターン」と表現される。
　「踏切前に腰をやや沈める」というが、そのためには、踏切２歩前をややス
トライドを広げることにより自然に腰の位置が下がるようにする。ただ、小学
校段階では、細かく解説して指導する必要はない。「最後に『タ・ターン』の
リズムで素早く足を着いて踏み切る」ことができればよい。

3. ミニハードルを使ってリズム幅跳びを行う

リズミカルな助走を身に付けさせるためには、ミニハードルを並べて、その間を2歩か4歩で跳ばせていく。ミニハードルを使った変化のある繰り返しの中で、「タ・ターン」のリズムで何度も跳ばせる経験をさせていくことによって、リズムカルに踏み切る技能を高めることをねらう。

　ミニハードルを等間隔で配置する。以下の手順で指導をしていく。

指示：走り幅跳びが上手くなるリズム。「タ・ターン、タ・ターン、タ・ターン」真似します。手拍子をつけて。次に足をつけて。最初の「タ」の足を着いたら、素早く次の「ターン」の足を着くよ。

指示：ハードルでこのように練習します。試技

指示：ハードル間を広くします。広くなってもリズムは同じ。さっきよりスピードを上げて跳んでいこう。

※徐々に間隔を広げて走力を上げていく。また、
　着地に近い方のハードルから段々と抜いていき、ハードル無しの助走に移行していく。

【指導計画】
　第1時：初めの記録計測
　第2～4時：ミニハードルを使ったリズム幅跳び、着地の指導
　第5時：記録会

4. 空中姿勢や着地がより美しくなる「ねらい跳び」

　走り幅跳びは距離を競う競技だが、いつも全力で運動してばかりいると、空中や着地のフォームが崩れてしまう。そこで、8割程度の力で跳んでフォームを意識できるようにするために、ねらい跳びを行う。

　着地地点にケンステップを置く。そのケンステップの中に両足でピタッと着地できれば100点。片足なら50点。足は入ったけれども出てしまったら20点。入らなかったりおしりが着いてしまったりしたら0点などと点数を設定する。点数があることで、子どもは意欲的に運動に取り組む。　　　　　　（佐藤泰之）

【水泳運動指導のポイント】泳げるためには『浮く・呼吸する・進む』の三要素の習得が必要である。

中学年

動きを高める教師の言葉
①け伸びのポイントを知ろう。「手をまっすぐ伸ばそう」「頭を腕で挟んでみよう」「体をまっすぐな棒のようにしてみよう」
②友達と手をつないで、リズムよくボビングしてみよう。
③友達の良い動きをまねしてみよう。
④息を吐くと沈むよ。息を吸って止めると浮くよ。

「もぐる！浮く！泳ぐ！」

・バブリング
・ボビング
・落水体験
・プールの底タッチ
・股くぐり
・変身もぐり
・水中での姿勢変換
・変身浮き
・背浮き、だるま浮き

技能①息を止めたり吐いたりしながら、いろいろなもぐり方や浮き方をする。水中でいろいろな姿勢になる。

技能②け伸びや初歩的な泳ぎをする。
・伏し浮き姿勢で続けて進む
・股下をくぐる
・プールの底・壁を蹴って体を一直線に伸ばして進む
・ちょうちょう背泳ぎ（ヘルパー使用）
・クラゲ足平泳ぎ

高学年

動きを高める教師の言葉
①少ないストロークでゆったり泳ごう。
②キックの後に、あごをひいた状態になろう。
③手を大きく動かして進もう。
④足で水を挟みだして進もう。

「のびやかに、らくらく泳ぎ」

・ゆったりとした背浮き
・ゆったりとした呼吸の連続だるま浮き
・落水体験（着衣泳）

技能①背浮きや浮き沈みをしながら続けて長く浮く。

技能②クロール・平泳ぎ（背泳ぎ）で、手や足の動きに呼吸を合わせ続けて長く泳ぐ。
・脱力したキックや平泳ぎ、背泳ぎ
・ゆったりとしたキックのクロールや平泳ぎ、背泳ぎ

水中での学習が中心だが、プールサイドなどの場も活用するとよい。呼吸の仕方、マットを敷いてのフォームの確認などと考えられる。

学習指導要領のポイント

応用する授業として「着衣泳」を高学年に組んだ。

さらに泳法の習得にも飛躍的な効果をもたらすであろう「浮漂力」と「浮沈力」の基礎技能を活用・

ための基礎技能でもある。

を長く続ける技能でもあり、溺れないようにする力」と「浮沈力」をつけることが明記された。呼吸低学年「もぐる・浮く運動遊び」、中学年「もぐる・

またこの2本の柱を結ぶ核として呼吸重視の方向が示された。安全確保につながる運動に「浮漂が命を守る技能の習得が加わり2本柱になった。

これまで泳法の習得という1本の柱だけだった浮く運動」、高学年「安全確保につながる運動」である。

指導計画のポイント

動かすことを意識させる。

長く浮くことは平泳ぎの伸びの動作に関連する。ゆったりと手や足をら続けて長く浮くことからのクロールの呼吸動作、浮き沈みをしながら楽に続けて長く泳ぐことを重要視する内容に変わる。背浮きをしなが泳形にこだわる傾向があった学習が、手や足の動かし方や呼吸動作等の

大変革である学習指導要領改訂の水泳指導

低学年

「プールランドへ レッツゴー！」

お宝をゲットする等、ストーリー性のある単元構成にすることで意欲が持続する。例えば「ブクブクパッ」では、一定距離の間にフープを輪に歩いて進み、顔を出して息継ぎする。

技能①水につかって歩いたり走ったりする。

・水かけっこ
・水中じゃんけん
・水中にらめっこ
・石拾い、輪くぐり
・(足からの)落水遊び

技能②息を止めたり吐いたりしながら、様々な姿勢で水にもぐったり浮いたりする。

・くらげ浮き、伏し浮き、大の字浮き
・らっこ浮き(ビート板、ヘルパー等使用)
・ぷかぷか浮き(ライフジャケット使用)
・動物まね遊び
・電車ごっこ、リレー遊び、鬼遊び

動きを高める教師の言葉

①「ブクブクパッ」「カッパ」と言って息を吐こう。
②クラゲ、ロケット、忍者などになりきってみよう。
③友達の良い動きを見付けたりまねをしてみよう。
④あご↓口↓鼻↓目の下↓頭と順に入れていこう。

Ⅱ
4 水泳運動
②もぐる・浮くからの呼吸法の授業

 自然の水辺環境に適応する力を育てる

1. 授業づくりの2つのポイント

「もぐる・浮く運動遊び」、「もぐる・浮く運動」は「安全確保につながる運動」へと続く。最終的には水の事故に遭ったときに命を守ったり、生涯にわたって海・河川・湖沼等の自然環境において水中運動に親しむ資質や能力の基礎を育てたりする。

ということは、もぐる・浮く運動の授業は（プールという人工的にコントロールされた環境下での活動ではなく）自然の水辺環境に適応する力を育てるにはどのようなメニューが必要か、ということを考えていけばよいのである。ポイントは2つある。

1つ目のポイントは「水中で呼吸を続ける力」である。泳げなくても呼吸を続けることさえできれば命を守ることができる。だから呼吸を続けるために必要な技能を分析した上で、その一つ一つを高めるメニューを組み立てるようにするのである。息を止める、水が鼻腔に入らないようにする、息を吐く、息を吸う、吸った息を全身の細胞で燃やす、呼吸のリズムをつくる、心を安定する……などである。「息継ぎ」という一言で呼吸を荒く捉えてはいけない。

2つ目のポイントは姿勢である。例えば水の事故で不意に落水したときの身体の向きは様々である。パニックにならないためにも様々な姿勢を体験しておくべきである。また将来水中運動に親しむ際にも、水中で自由自在に様々な姿勢に変換できれば活動の幅は大きく広がる。

2. メニュー（呼吸の視点）

（1）足から落水する（息を止める、吐く）

　水の事故は不意に落水することで起きることが多い。呼吸が簡単にできない水中へ突如入ってしまう感覚を経験させる。

危険防止のため、助走は決してさせない。落水した瞬間や水中では息を止めること、鼻から呼息することを教える。

(2) もぐる（息を止める、吐く）

水中じゃんけん・足くぐり

水中でじゃんけんをして負けたら相手の足の下をくぐる。要は、遊びつつ水中で息を止めることや、意識的に鼻から呼息することができればよい。他に水中石拾い、水中にらめっこなどがある。

潜水艦ごっこ

壁をけってけのび姿勢で進む。全員の足の下をくぐることができれば成功である。息を止める時間の長さと、けのび姿勢が成否を分ける。

(3) 水中での姿勢変換（息を止める）

例……座った姿勢でもぐってから大の字姿勢、仰向け姿勢でもぐってから伏し浮き姿勢、体を回転

(4) 変身浮き（息を止める、脱力する）

息を吸い込み、余分な力を抜いて、いろいろな浮き方を組み合わせて行う。

例……伏し浮き→大の字浮き、伏し浮き→だるま浮き、背浮き→伏し浮き

(5) だるま浮き（息を止める、吐く）

(6) 背浮き（脱力する、ゆったりと吐く・吸う）

(7) ボビング（息を溜める→吐く→吸う）

① 空気を口から十分に吸い息を溜める。

手は斜め上方に伸ばしたまま3秒ほど水中にしゃがみじっとしている。この間、鼻から「ン～ン」と少しずつ呼息する。

② 鼻から「ン～ン」と呼息する。水を押さえる手の動きに合わせて立ち上がる。

③ 鼻から呼息しながら頭を水面に出し、残りの息を「パッ」と口から吐き出す。吐き出した反動を利用して空気を口から十分に吸う。なお、手の最後の一押しと「パッ」を同時に行う。

①～③をゆったりと10回繰り返す。これを3セット行う。

（鈴木智光）

Ⅱ 4 水泳運動
③背浮き・浮き沈みの「安全確保につながる運動」の授業

 POINT 呼吸を続ける力をつければ溺れない

1.「安全確保につながる運動」の新設とその意味

　新学習指導要領では高学年水泳運動に「安全確保につながる運動」が新設され「背浮き」と「浮き沈み」の２つの技能が例示された。換言すれば、背浮き→浮漂力、浮き沈み→浮沈力である。背浮きと浮き沈み、姿勢は反対向きであるが、この２つの技能には共通点がある。それは呼吸を続ける力である。水難事故で命を守れない（溺れる）理由は、泳げないからと言うより呼吸を続けることができないからである。

　浮漂力と浮沈力における呼吸を続ける力は、泳法指導においても核となる技能である。泳げない根本的な原因は、推進するための手足の動きにあるのではなく、それ以前の問題として呼吸にある。呼吸を続ける力を習得していない子にいくら泳法を指導しても、効果は期待できないのだから。

2. 背浮き（浮漂力）

2点支持

　背浮きは、大気と口の間を妨げるものがない姿勢である。全身を脱力すること、自分の体を動かさない静的な状態での呼吸力（体内へ酸素を摂取する力）を高めることを目的とする。

　クラス全員を一斉指導する場合は、子ども同士で補助ができるようにしておく。図のように２点を支持する。「耳をすっぽり沈めなさい」「おへそを水面上に出しなさい」と指示する。この姿勢を３分間続けられるようになったら、「浮き」の技能と同時に静止した浮漂状態での呼吸力が高まったといってよい。

　最後はヘルパーを外し、腕を上げバンザイ姿勢になる。腕を上げることで重

心が浮心に近づき、脚が下がることなく全身が浮きやすくなる。

3. 浮き沈み（浮沈力＝連続だるま浮き）

だるま浮きとボビングをミックスした動きである。プールは浅くて足がついてしまうため、体を丸めて浮き沈みをしながら呼吸するのである。注意すべきは、浮かび上がってくる時間には個人差があるということである。時間がかかり過ぎると息が続かない。そこで誰でもが同じ時間で浮かび上がれるように（＝同じリズムで浮き沈みできるように）腰にヘルパーを着用する（海で行う場合はヘルパーは不要）。

(1)

① 空気を口から十分に吸い、4秒間だるま浮きをする。手は膝を抱え背中を丸める。後頭部も水面に沈めるようにする。この間、鼻から「ン～ン」と少しずつ呼息する。

(2)

②・③ 手の動き……手で水を押さえて顔を水面に出す。一度だけ羽ばたくように、である。この動きは後に平泳ぎへと繋がっていく。ちょこちょこっと何度もかいてはいけない。

(3)

呼吸……「ン～ン」と鼻から呼息する。顔が水面に出ると同時に口の周りの水を吹き飛ばすように残りの息を「パッ」と口から吐き切る。吐いた反動を利用して空気を口からすばやく十分に吸う。（「ン～ン、パッ」と声を出す。このことで呼息が鼻から口へ自然に切り替わる）。

水中に再び沈み、①～③を10回繰り返す。これを5セット行う。

なお、2回目の授業から連続だるま浮きサバイバル5分間をメニューに入れる。「5分間一度も足が底につくことなく続けることができれば水難事故に遭った場合でも助かることができる」という話をしておくと、授業のたびに足のつく回数が減っていく。

（鈴木智光）

④平泳ぎ・クロールの授業

POINT まず手のかきと呼吸の連携（2者の協応動作）をつくること

1. 手のかきと呼吸の連携をつくり、後からキックを加える

　最初にすべきことは、手のかきと呼吸の連携（2者の協応動作）をつくり呼吸をゆったりと長く続けられるようにすることである。キックはさせない。意識的な強いキックは連携のリズムを乱してしまい、手のかきと呼吸の協応動作をつくることができなくなる。

　キックをさせないで下半身を脱力させて泳がせると協応動作が容易にできるようになる。それだけでなく「手のかきの反動で脚が無意識にわずかに動く」ようになってくる。この動きがキックの起点となるのである。こうして手のかき、呼吸、キックの3者の協応動作が容易に完成するのである。すべての泳法において短期間で飛躍的な効果をもたらし、数百ｍ以上を泳ぐことが普通になってくる。

2. 連続だるま浮きから初歩的な泳ぎ「クラゲ足平泳ぎ」へ

　平泳ぎは連続だるま浮きを進化させていく。連続だるま浮きの浮き沈みのリズムがそのまま平泳ぎのリズムになるのである。だからクロールより先に平泳ぎを指導する。

①　手を前に伸ばし脚は曲げたままの「連続だるま浮き」をする。僅かだが進むようになる。25mを2往復する。

②　足も軽く伸ばして「連続だるま浮き」をする。伸ばした足は動かさない。クラゲのようにだらんとしておく。25mを2往復する。

③　よく進むための手のかきを考えさせる。真下に下ろすより横に広げた方が進む。最後までかきすぎても進みにくい。「手を半分だけかきなさい」と指示する。25mを2往

復する。

④ 「半分だけかいたら両手を槍の先のように伸ばしなさい」と指示する。25m
を2往復する。

⑤　最後にリズムを整える。けのび姿勢を3～4秒間とるようにする。「連続だ
るま浮き」の浮き沈み・呼吸と同じリズムである。ゆったりとした泳ぎで
20分間泳ぎ続けさせる。

3.　クラゲ足平泳ぎ＋キック（無意識の脚の動きを起点にする）

　　　　　　　　　下半身を脱力してキックをしないで泳ぐと、手で水を
かいた反動で膝が曲がり踵が僅かに上へ動くようになっ
てくる。この無意識の脚の動きが平泳ぎのキックのタイ
ミングにぴったり合っている。「クラゲ足平泳ぎの時、
手で水をかくと脚が自然に動きます。それをきっかけに踵をおしりに近づけな
さい。そして水を軽く蹴りなさい」と指示する。この時の蹴り足は（足首をか
えさず甲で水を蹴る）ドルフィンキックが自然である。かえる足を強要する
と、せっかく自然にできているキックのタイミングがずれて、ぎくしゃくした
泳ぎになってしまう。かえる足の指導は数百m以上を泳げるようになってか
らにする。

4.　クロール

　クロールは頭をねじり手は左右交互に動かすため、リズムが取りにくい。手
と呼吸の連携の接点を見つけにくいのである。

　接点を見つけるために「片手クロール」で25mを数回練習する。楽に進め

るようになったら両手クロールに移る。下半身を脱力し
キックなしで20分～30分ゆったりと泳がせる。手のか
きと呼吸の連携ができ、数百m以上進めるようになっ
たらキックを加えていく。「足が勝手に動くことを感じ
たら、それをきっかけにキックを軽く打ちなさい。自分
からバシャバシャと強くキックをしてはいけません」と
指示する。数回の授業で数百mを泳ぐようになる。

（鈴木智光）

中学年

動きを高める教師の言葉

① ボールを打つ瞬間まで見て、バットを振ろう。
② バットのどこにボールを当てると跳ぶか練習してごらん。
③ どこに打ったらたくさん得点ができるかな？
④ 早くアウトにするために、どこに守るかみんなで作戦を立てよう。
⑤ 「Aさんがホームランを打つ作戦」を立てて、その練習をしよう。

「打って！捕って！投げて！」

ティーに置いたボールを打つ。攻めてる側が全員打ったら攻守交代。打ったら、得点用カラーコーンに触りホームに戻れたら得点される。守備側はボールをアウトゾーンに運びこみ、全員で「アウト！」と言う。アウトゾーンを移動したり、3か所に増やしたりと、応用する。

打った後、バットをバット入れに入れなければアウト。

高学年

「つないでつないでワンチーム」

タグラグビー。
1チーム、3～5人にする。攻守を3分毎に交代する。タグ4回で交代するなどとルール化する。

タグは、ハチマキやタオル、楕円形のボールまたは空気を抜いた柔らかいドッジボールを使用する。

動きを高める教師の言葉

① ボールを持ったら、前（ゴール）に、まず走ろう。
② タグを取られたら、すぐにパス。
③ スペースを見つけるよ。
④ ボールを持っている友達の後ろにつこう。
⑤ 「タグ」「パス」と、はっきりと声を出そう。
⑥ 「ナイスパス」「ナイストライ」「どんまい」と、友達に声をかけよう。
⑦ Aさんがトライできる作戦を立てよう。

【ボール運動指導のポイント】遠投能力の向上を意図して「投の運動（遊び）」を加えた指導ができる。

指導計画のポイント

学年が上がるごとに一単元の時間数を多くする。

低学年は、多くの運動に触れる機会を設ける。

中学年は、ゴール型といった「型」に応じたゲームを学習する導入期であるので低学年と同程度設ける。

高学年は、個人の技能の向上、ゲーム運営の向上など、これまでより十分な時間が必要となる。

学習指導要領のポイント

① 資質・能力
・基本的なボール操作とボールを持たないときの動きを身に付け、ゲームを楽しむ。
・コート内で攻守が入り交じり、陣地を取り合って得点しやすい空間に侵入する。

② 見方・考え方
・主体的に運動することで自信や達成感を得る。
・友達の動きや他のチームのゲームの行い方を見ることで仲間のすばらしさに気付く。
・ボールゲーム大会を開くことで、企画・運営に関わり、みんなを支える。

③ 発達障害への対応
・勝ち負けへのこだわりやトラブルに対して、クールダウンの方策を事前に練っておく。

低学年

「ボールあてっこ！ドンドンドン」

1チーム3人。

攻め3人対守り2人（守りの1人は得点係や得点が入ったら交代する）。

攻めは円の外側から的に当てる。当てたら1点、倒したら2点など。

ポートボール台、段ボールや筒、カラーコーンなどを使用。守りは内側の円の中を動いて防ぐ。

動きを高める教師の言葉

① 当てるものを、よく見て投げよう。
② たくさんシュートをするための作戦を立てよう。
③ 良い投げ方をしている友達はだれかな？
④ どこに動けばシュートを防ぐことができるか相談しよう。
⑤ ボールは、頭の横や上から力強く投げよう。

5 ボール運動
②ゴール型＝タグラグビーの授業

👆 相手をかわす動き、追いかける動きを低学年「鬼ごっこ」から扱い、
POINT! 高学年「タグラグビー」につなげる

1. タグラグビーの授業づくり

　タグラグビーでは相手をかわしたり追いかけたり、タグを取ったり（タッチ
したり）する動きが求められる。低学年からできる「鬼遊び」はタグラグビー
の動きにつながる運動である。それ以外では、ボールの保持やパスを扱うこと
も大切だ。

2. 授業づくりの実際とポイント

（1）低学年の「鬼遊び」（3時間）
　手つなぎ鬼、子増やし鬼など、様々
な鬼遊びで逃げる、追いかける動きを
扱う。中学年や高学年でも準備運動と
して取り入れることができる。

〈攻め〉
相手をかわす

〈守り〉
相手にタッチ

　また、「ボール運び鬼」（下図）のよ
うにゲーム化することで、攻めにはボールを保持しながら相手をかわす動き、
守りには向かってくる相手にタッチする動きが求められる。これらはタグラグ
ビーの動きに直結する。

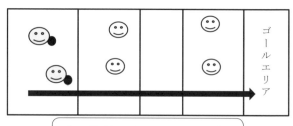

準備物：
ボール、ボー
ルを入れるか
ご、得点板

ゴールエリア

ボール運び鬼：ゴールエリアにつけば得点

（2）守りは「タッチ」から「タグ取り」
へ（3時間）

中学年では、鬼遊びで行っていた
「タッチ」から「タグ取り」へと守りの
動きを変化させる。

（準備物：タグ、タグベルト）

タグは腰（左右）につける

タグ（2本）とタグベルト

＜タグを使った活動例＞

手つなぎタグ

1対1タグ

タグ取り鬼ごっこ

鬼には相手のタグをつかんで取るという微細な動きを、逃げには2本のタグを取られないように相手をかわす動きが求められる。

（3）パスを扱い、「タグラグビー」へ（6時間）

高学年から、ボールをパスする動きを加える。2人組でのパスやグループでのパス練習など、静止した状態でパスを行う。その後、三角パスなど動きながらのパスへと発展させる。ゲームでは、パスは前に送ってはいけないなど複雑なルールも生じる。ゲームの初期段階はパスをなしにするなど、実態に合わせて指導を行うとよい。

円陣パス

三角パス

タグラグビー

準備物：
ラグビーボール、ビブス、タグベルト、得点板、タグ、ストップウォッチ

（成田優也）

Ⅱ 5 ボール運動
③ネット型＝ボール運動の授業

1. ネット型の授業づくりのポイント

　ネット型のボール運動は、ネットで区切られたコートの中で攻防を組み立て、一定の得点に早く到達することを競い合うことに楽しさがある。ゴール型と違って、攻守の入れ替えがないため、状況判断も容易である。ただ、経験が少ないことが考えられるので、各学年で何をどのように学んでいくのかという指導事項を整理し、資料等をストックすることで、系統性を意識した授業計画を作成することが可能となる。

2. 授業づくりの実際と、その概要

(1) 低学年で身に付けたいこと 【相手コートに投げ入れる】【攻め方】

【指導事項】	【主発問】
①相手コートに投げ入れる。(技能) ②攻め方を考える。(思考)	どこを狙えば、相手コートにボールを落とすことができますか。

【実践例　ボンバーゲーム】
①2対2　②ネットの高さは170cm
③教具『ボンバー』(40cm×30cm ビニール袋に切り刻んだ紙を入れる)
④最初に「レディー」と言って、キャッチする人は「ゴー」と言う。
投げて、相手のコートに落ちたら1点。
【参考】『資質、能力』を育むボール運動の授業づくり(大修館書店)

【主な発問・指示】

① 落とさず何回できますか。

② 相手コートにボンバーを落とします。

③ 思いっきり投げてごらん。

④ 手前ギリギリに投げてごらん。

2019年　TOSS体育全国セミナー IN 東京

（2）中学年で身に付けたいこと【落下点に移動】【ゲームの型に応じた作戦】

【指導事項】 ①落下点に移動（技能） ②型に応じた作戦（相手コートに落とす） （思考）	【主発問】 どのようにボールをつなぎますか。 どうすれば相手コートにボールを落とせますか。 （低学年で学んだことを想起させる）

【実践例　風船バレーボール（低学年と同様のルールあり）】 ①3対3　②ネットの高さは170cm（低学年と同じ） ③風船バレーボール（右図）（風船にガムテープを張る。ボールより落下速度が遅くなる）④ワンバウンドあり ⑤サーブは下投げ　⑥キャッチあり（実態に応じて回数制限あり） ⑦3回で返す　⑧得点が動いたら守備位置をローテーションする。	

【主な発問・指示】

① 低学年で習ったことは何ですか。

『相手のいないところ』などキーワード

を引き出す。

② どこで打つと相手コートに入りますか。

③ どこでトスを上げるといいですか。

> スズランテープを張るとネットの準備が簡単。

（3）高学年で身につけたいこと【ボールをつなぐ】【チームの特徴に応じた作戦】

【指導事項】 ①ボールをつなぐ（技能） ②チームの特徴に応じた作戦（役割等） （思考）	【主発問】 ボールをつなぐためにどのような役割にしますか。 どうすれば相手コートにボールを落とせますか。 （中学年で学んだことを想起させる）

【実践例　ソフトバレーボール（中学年と同様のルールあり）】 ①4対4　②ネットの高さは200cm程度 ③ソフトバレーボール（円周78cm） ④サーブは下投げ　⑤キャッチ1回あり　⑥3回で返す

【主な発問・指示】

① ボールをつなぐために、どのような攻め方をしますか。役割も決めます。

② ボールを落とされないための、守り方を考えます。

③ チームに合った作戦（攻め方・守り方）を選びなさい。

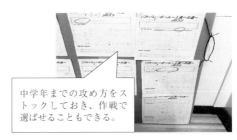

> 中学年までの攻め方をストックしておき、作戦で選ばせることもできる。

（工藤俊輔）

Ⅱ

5 ボール運動

④ベースボール型＝ボール運動の授業

👆 ゲームのルールに系統性を持たせることで、教師の指導が容易になる

1. ベースボール型の授業づくりのポイント

攻守を規則的に交代し合い、一定の回数の中で得点を競い合うゲームである。攻撃（＝打つ、走る）と守備（＝捕る、投げる）をそれぞれ習熟することで、子どもがベースボール型の特性を味わうことができる。その上で、中学年から打って得点が入るルールを統一し、守備（アウトの仕方）のルールを発達段階に応じて指導するなど、簡易化されたゲームを行うことが大切だ。

2. 授業づくりの実際とその概要

（1）中学年から打つ技能の向上を図る

「フェアグランド内に打つ」ことをねらいとして、「打つ」時間を保証する。右図のようなバッティングのコツを掲示することで、視覚的に理解できるようにする。

また、次のようなゲームを行い、「打つ」技能の向上を図りたい。高学年も同様に行う。

バッティングのコツ（右）
①グー ！ （ボールを見る）
②チョキ！ （体重は後ろ）
③パー ！ （こしの回転）

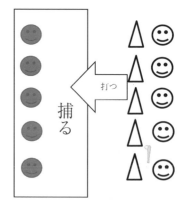

【ルール】
① 5球打つ。
② 距離に応じて点数が変わる。
③ 5球終わったら、時間になるまで練習する。

(2) 実態に応じてアウトの仕方を決める

【中学年・高学年　攻撃　共通ルール】
① 一進塁一得点　② 打ったバットはコーンにしまうと1点、しまわないと0点
③ 中学年は、ティー台を使用。高学年はトスバッティング（ティー台でもよい）

①  ②

【中学年　守備ルール】	【高学年　守備ルール】
① バッターが打ったボールを捕り、アウトゾーンに送球する。 ② 最初に捕球した人以外の3人がボールと共に入った時点でアウトコールをする。	① バッターが打ったボールを取り、アウトゾーンに送球する。 ② 走者の次の塁にボールを送り、アウトコールをする。

　このように守備のルールだけ変更する。中学年で打つルールを理解しているので、教師も指導しやすくなる。人数やコートは文科省HPの「まるわかりハンドブック」などを参考にしたい。

(3) 教材教具の工夫　打つ・捕る技能を補うものとして参考にしてほしい。

【ティー】
① 2Lペットボトル上部をカット
　　高さ調整で500mlペットボトルも活用
② カットした部分を養生テープで補強
③ カラーコーンに差し込む

【バット】
① プラスチックバットにスポンジをつけることで跳びやすくなる。
② テープの位置を固定して、芯に当てられるように意識。

【新聞紙ボール】
① 打つゲームで使用。
② 大きく作ることで打ちやすい。
③ 固くないので捕りやすい。

【アウトゾーン用のビニール袋】
① キャッチが苦手な子も活用できる。
② ミニフラフープに90Lゴミ袋をつける。
③ アウトしたか判断できる（透明なほどよい）

（工藤俊輔）

Ⅱ 6 表現運動
① 「動物のまねっこ」の授業づくり

 POINT 真似して、見せ合い、工夫を増やす！

1. 指導のポイント

　まず、教師の真似をさせる。教師が楽しそうに、元気よく動き回る姿を見せて、安心させるためである。その後で、ペアやグループで真似をさせる。4人グループを作って先頭の真似をさせ、その先頭を交代させるのも効果的である。

2. 準備物

　動物の写真（猫・犬・象・白鳥・ライオンなど）
　音楽CD

3. 単元の計画（4時間配当）

　表現運動で心配されることは、考えている時間ばかりが過ぎて、運動量が足りなくなることである。常に動きながら考え、変化させていけるように声かけが大切である。
第一次……教師について動物のまねっこ遊びをする。
第二次……音楽に合わせて、2人ペア、4人グループでまねっこ遊びをする。
第三次……発表会をする。
第四次……運動会や学習発表会で披露する。

4. 指導の流れ

　まねっこ遊びは、最初はリズム太鼓で行い、次に音楽を加えて行った。
　初めは恥ずかしそうにしていて動けなかった子どもたちも音楽に合わせて動き出す。コツをつかめば、

おどるこねこ
子犬のワルツ
こぞうの行進
動物の謝肉祭（白鳥）
動物の謝肉祭（ライオン）

思わぬ動きを引き出すことができる。音楽は、音楽科教材鑑賞 CD から前掲の
5曲を選び、20秒～30秒程度ずつ繋いでどんどん流した。

第一次……教師の動きを見て真似をする。出来るだけ大きく、動物の動きを真似した動きを見せる。

第二次……ペアで動いて、お互いに真似をした後、グループで真似をする。教師は見て回ってよいところを褒める。

第三次……教師が動きのよい子どもを見つけ、みんなの前で発表させる。そして、まねしたい動きを見つけ、やらせてみる。高低、左右、前後などの動きが広がる。

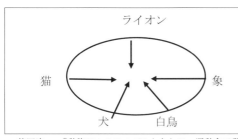

第四次……「動物フェスティバル」として、運動会で発表することもできる。お面を作り、トラックの端から真ん中に向けて動いた。隊形変化を加えると楽しい。

5. 改善点

　自分の動きが客観的に見られないので、ビデオを活用し、よりよい動きづくりをするとよい。

（牛田美和子）

Ⅱ 「発達の段階」と「系統性」を踏まえた体育授業
6 表現運動
②リズムダンスの授業

 お手合わせの動きを使えば、ペアのリズムダンスが簡単にできる

1. リズムダンスの授業ポイント

　お手合わせのリズムダンスは、動きが簡単なので、楽しくリズムにのって踊ることができる。4拍子の曲なら何でもOK。しかも、ダンスの苦手な先生も指導することができる。先生のまねをしながら動きを覚え、ペアダンスにつなげていく。子どもたちは、友達と一緒に体を動かす楽しさを味わうことができる。

2. 授業例「ミッキーマウス・マーチ」（所要時間1時間）

① 　お手合わせの動きを覚える。
　　最初は、先生のまね。できるようになったら、ペアでお手合わせをする。

ポン　(1)	右　(2)	ポン　(3)

ぼく つよ	らの くて	クラ あか

左　(4)	ポンポン　(5・6)	パ　(7・8)

ブの るい	リーダー げんき	は〜 もの

右手 （1234）	左手 （5678）

ミッキーマウスミッキーマウス　　　　　　ミッキー　ミッキーマウス

② お手合わせ以外の動きを覚える。

背中合わせ右・背中合わせ左	クルクルクルクル	ヘイヘイヘイヘイ！

ミッキーマウスミッキーマウス　　さぁ歌おう声合わせ　　　　　ヘイヘイヘイヘイ
※クルクルの動きは、向かい合って、腕を回しながら、立ち上がる。

③ 前奏や間奏・後奏の動きを考え、踊る。

　ペアになって、揺れたりジャンプしたりして、動きを自分たちで考える。間奏部分でペアチェンジをする。後奏部分は、シングルサークルで、ひざ打ちをしたり、走ったり、前後に歩いたりする。最後は、自分の好きなポーズでフィニッシュ！

④ 音楽に合わせて踊る。

　音楽にのり、弾みながら踊る。上手なペアを見本に見せると効果的である。

（佐藤貴子）

II 6 表現運動
③フォークダンスの授業

 皆で一つの輪になり、皆で声を出す。フォークダンスで一体感を！

1. フォークダンスの授業ポイント

　フォークダンスは、世界各国に、動きに特徴のあるダンスがある。皆で一緒のダンスを踊ることにより、一体感を高めることができる。思春期の入り口にある小学校高学年のおすすめは、シングルサークルで、かけ声のあるダンスである。「ダンスなんて！」というやんちゃ君たちも、「やだな〜」という恥ずかしがり屋の女の子たちも、ノリノリで踊ることができる。

2. 動きづくり（所要時間1時間）

「タタロチカ」「マイムマイム」は、簡単で楽しい、おすすめフォークダンス！

① 「タタロチカ」の実践

パーツ1〜ペンギンの動き〜

「みーぎ」　「ひだり」　「みぎまわり」

パーツ3〜上バンザイの動き〜

「みーぎ」　「ひだり」　「上バンザイ」

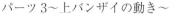

パーツ2〜ペンギンの動き反対

「ひだり」　「みーぎ」　「ひだりまわり」

パーツ4〜下バンザイの動き〜

「ひだり」　「みーぎ」　「下バンザイ」

パーツ5〜ひざたたきとヤクシー〜　　パーツ6〜ランニングステップ〜

123456　ヤク　シー（繰り返し）　　　　　　　手をつないでランニング（反時計回り）

　動きは簡単なので、教師がキーワードを言い、教師のまねをさせながら踊る。ダンスは、6つのパーツに分かれる。1パーツずつ、スモールステップで教える。

② 「マイムマイム」の実践

> 「右・横・後ろ・チョン」「ポン・手」と、キーワードを声に出し、踊る！

　「マイムマイム」の難しいステップは2カ所。声を出しながら踊るとよい。けれど、ステップがうまくできなくても楽しく踊れていたらよしとする。このダンスは、泉が湧き出て皆が喜んで踊っている、という状況設定を話すとよい。

ステップ1〜足の動き〜　　　　　　　「右・横・後ろ・チョン」

ステップ2〜足と手の動き〜

「ポン・手」　　　　　　　　　　　　♪みんなで輪になって踊ろう！♪

（佐藤貴子）

5年生「けがの防止」

知識
(ア)交通事故や身の回りの生活の危険が原因となって起こるけがとその防止
・けがの発生　・人的要因と環境要因
・周囲の危険に気付いて、的確な判断の下に行動すること、環境を整えること
(イ)けがの手当
・状況の速やかな把握と処置、近くの大人に知らせること

技能
・**実習を通して、傷口を清潔にする、圧迫して出血を止める、患部を冷やすなどの自らできる簡単な手当ができるようにする**

思・判・表
・けがを防止するために、危険の予測や回避の方法を考え、それらを表現すること

＜思考力・判断力・表現力を育成する活動例＞
・思春期の体の変化について、学習したことを、自己の体の発育・発達と結びつけて考える。
・体の発育・発達について、自己の発達や体をよりよく発育・発達させるために考えたことを学習カードなどに書いたり、発表したりする。

5年生「心の健康」

知識
(ア)心の健康
・年齢に伴う発達
(イ)心と体との密接な関係
・心と体は深く影響し合っていること
(ウ)不安や悩みへの対処
・自己に合った方法による適切な対処

技能
・**不安や悩みへの対処として、体ほぐしの運動や深呼吸を取り入れた呼吸法などを行うことができるようにする**

思・判・表
・心の健康について課題を見付け、その解決に向けて思考し判断するとともに、それらを表現すること

＜思考力・判断力・表現力を育成する活動例＞
・不安や悩みに対処する様々な方法を考え、学習したことを活用して、適切な方法を選ぶ。
・心の健康について、考えたり選んだりした方法がなぜ適切なのか、理由をあげて学習カードなどに書いたり、友達に説明したりする。

6年生「病気の予防」

知識
(ア)病気の起こり方
・病原体、抵抗力、生活行動、環境など
(イ)病原体が主な要因となって起こる病気の予防
・発生源をなくす、感染経路を断つ　・抵抗力を高める
(ウ)生活行動が主な要因となって起こる病気の予防
・適切な運動　・偏りのない食事　・口腔の衛生を保つ
(エ)喫煙、飲酒、薬物乱用と健康
・喫煙、飲酒、薬物乱用などの行為は健康を損なう原因となること
(オ)地域の様々な保健活動の取り組み
・健康な生活習慣に係る情報提供や予防接種などの活動

思・判・表
・病気を予防するために、課題を見付け、その解決に向けて思考し判断するとともに、それらを表現すること

＜思考力・判断力・表現力を育成する活動例＞
・病気の予防や回復に関する課題について、学習したことを活用して解決の方法を考えたり、選んだりする。
・病気の予防について、病気の予防や回復のために考えたり、選んだりした方法がなぜ適切であるか、理由をあげて学習カードなどに書いたり、友達に説明したりする。

【保健指導のポイント】身近な生活から、健康と安全に関する課題を見付けさせる。

学習指導要領のポイント

① 資質・能力
・身近な生活における健康や安全に関する学習課題を見付け、それを解決する過程を通して、健康に関する課題解決に役立つ概念や原則に気付く。
・運動と健康が深く関連していることへの理解を深める。

② 見方・考え方
・身近な生活における課題や情報を、病気にかかったりけがをしたりするリスクの軽減や心身の健康の保持増進と関連付ける。

③ 発達障害への対応
・他の教科に準じる。

指導計画のポイント

健康に関わる課題を見付け、その解決の方法を考え、表現させる

3年生では「健康な生活」を、4年生では「体の発育・発達」、5年生では「心の健康」と「けがの防止」、6年生では「病気の予防」について学習する。その際、運動と健康が密接に関連していることについて、考えを持てるように指導する。

また、5年生では、「心の健康」及び「けがの防止」について、簡単な実習等を通して、「技能」の習得も目指す。

4年生「体の発育・発達」

知識	(ア)体の発育・発達
	・年齢による変化　・個人差
	(イ)思春期の体の変化
	・男女の特徴　・異性への関心　など
	(ウ)よりよく発育・発達させるための生活
	・適切な運動、食事、休養、及び睡眠
思・判・表	・体がよりよく発育・発達するめに、課題を見付け、その解決に向けて考え、それを表現すること

<思考力・判断力・表現力を育成する活動例>
・思春期の体の変化について、学習したことを、自己の体の発育・発達と結びつけて考える。
・体の発育・発達について、自己の発育・発達や体をよりよく発育・発達させるために考えたことを学習カードなどに書いたり、発表したりする。

3年生「健康な生活」

知識	(ア)健康な生活
	・主体の要因　・周囲の環境の要因
	(イ)一日の生活の仕方
	・調和のとれた生活　・体の清潔
	(ウ)身の回りの環境
	・明るさの調節　・換気
思・判・表	・健康な生活について課題を見付け、その解決に向けて考え、それを表現すること

<思考力・判断力・表現力を育成する活動例>
・学習したことと自分の生活とを比べたり関連付けたりして、1日の生活の仕方や生活環境を整えるための方向を考える。
・健康に過ごすために考えた方法を学習カードに書いたり、発表したりする。

Ⅱ ② 3年生「体の清潔を保つ」授業例

Ⅱ 「発達の段階」と「系統性」を踏まえた体育授業
7 保健

POINT 手を清潔に保つための自分なりの方法を考える授業

1. 準備物：手洗いチェッカー（地域の保健センターなどで借りることができる）、ワークシート

2. 授業の進め方（30〜45分）

> 発問：風邪ウイルスは何から感染することが多いでしょうか。

　子どもたちは「咳、くしゃみ」などと発表する。「実は、最も多いのは手からの感染なのです」と教える。驚く子どもたちに、教科書にある「手のよごれ」を表した図を見せる。インターネットでもさまざまな図を手に入れることができる。インパクトのある図を使って、手を清潔に保つことの大切さに気付かせることが大切である。

　続けて「汚れた手でご飯を食べたりお茶を飲んだりすることで、体の中に菌が入り、病気になることがあるのです」と説明する。

> 発問：手を清潔に保つためにできることは何ですか。

　子どもたちはすぐに「手洗い」と答える。「皆さんがどのくらい上手に手洗いができるのかテストします」と言い、「手洗いチェッカー」を出す。

　まず、専用のローションを手にしっかりと塗る。そして普段通りに手洗いをさせる。次に、専用のライトに照らして、汚れが落ちているかどうかを確認させる。汚れが残っている箇所は、白く光って見える。しっかり洗ったつもりでも、爪と皮膚のすき間や指と指の間、指先や手首などに汚れが残っているものである。その部分をワークシートに記録させ、自分の手洗いの課題につ

いて考えさせる。

> 発問：しっかりと汚れを落とすためには、どんな方法で手洗いをすればよいですか。自分なりの方法を考えて、書いてごらんなさい。

教科書等にある「手のあらい方」や「手あらいの歌」などを参考にさせてもよい。早くできた子には、黒板に書かせたり、発表させたりする。「いいなと思うものがあったら、真似をしてもよいですよ」ということで、どの子も考えを書くことができる。

「指先を立てて、手のひらでゴシゴシ10回」「手首をにぎって、グリグリ5回」「指と指の間をつまんで、ギュッギュと5回」などのように、擬音や回数を入れると、動きをイメージしやすくなる。

最後に、ワークシートを見ながら自分なりの方法でもう一度手洗いをさせる。

時間があれば、以下の内容も扱う。

> 発問：手洗いの他にも、手を清潔に保つためにできることがあります。何でしょうか。

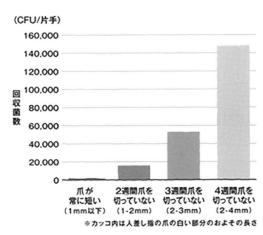

「爪の長さと指先の菌数の関係」を示したグラフを見せる。爪が長いほど、指先の菌が増えることが分かる。手の清潔を保つために、爪を短くしておくことも大切であることに気付かせることができる。

（https://pro.saraya.com/pro-tearai/science/index.html より）

（森本和馬）

③4年生「体の発育・発達」授業例

1．骨の発達に視点をあてた授業

> 発問：3歳児の手の骨（写真左）と12歳児の
> 　　　手の骨（写真右）です。比べて気が付い
> 　　　たことはありますか。

「新しいほけん3・4」東京書籍より引用

3歳児には映っていない所があることに気付く。

> 説明：骨が映っていないところは軟骨といって、これから発達していくの
> 　　　です。

　右のグラフを見せて、一生の骨の量が、20歳ごろ
までの成長期で決まることを話した後、骨量を増や
し、高密度の丈夫な骨にしていくには、どうするとよ
いかを考えさせる。食事や運動、睡眠などが挙げられ
る。そこでまず「食事」を取り上げる。

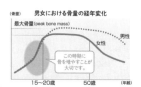

「雪印メグミルク株式会社HP」より引用

> 説明：骨は、タンパク質とカルシウムからできています。タンパク質が土
> 　　　台になり、カルシウムがその周りに付着して骨ができます。

　「タンパク質とカルシウムを多く含む食材」のプリントを配り、よく食べて
いる食材を○で囲ませる。いくつ囲めたかを確かめ、感想や考えを発表させ
る。その後に、カルシウムの吸収を促すためにはビタミンDやビタミンK、
マグネシウムなどが必要であること、バランスの良い食事が大切なことを補足

する。

　　たんぱく質を多く含む食材
　　・魚類　　・肉類　　・豆腐や大豆などの大豆食品　　・乳製品　　など
　　カルシウムを多く含む食材
　　・牛乳　　・わかめ　　・ひじき　　・いりごま　　・小魚　　など

> 発問：骨をつくるために大切なことは、食べ物だけではありません。何が
> 　　　関係してくると思いますか。

　　・適度な運動　　・朝日に当たる　　・よく寝る

　次に「適度な運動」を取り上げる。

> 説明：毎日続けられ、少し汗ばむぐらいの適度な運動が、骨を刺激し、骨
> 　　　の密度を高めます。
> 発問：少し汗ばむくらいの適度な運動にはどんな運動がありますか。

　激しいものでなければ、どれも認める。お薦めの運動には、なわとび、鉄棒
けんすい、階段上り下りなどがある。睡眠については成長ホルモンとの関係か
ら考えさせ、自らの生活習慣を振り返らせるようにする。

2.　自分の生活を振り返り、課題を見付けて考える

　事前に自分の食生活、運動、睡眠について3日程度の調査（調査カードに記
入）をしておくことで自分の生活を振り返り、自己の課題に向き合わせること
ができる。

（辻岡義介）

Ⅱ 「発達の段階」と「系統性」を踏まえた体育授業
7 保健
④5年生「けがの防止」授業例

POINT! 「RICE」で、手当の基本を指導する

1. 改訂されたこと

> ア けがの防止について理解するとともに、けがなどの簡単な手当をすること。5年生「けがの防止」の目標には、次のように書かれている。

実習を通して、簡単な手当ができるようにする。

2. 「RICE」とは

「RICE」とは、安静（Rest）、冷却（Ice）、圧迫（Compression）、高く挙げる（Elevation）の4つの行為を指す。打撲や捻挫・つき指など、学校に多いけがに対する有効な処置法であり、身につけさせたいスキルである。

養護教諭とのTTで指導した。

3. 授業の実際

打撲や捻挫・つき指を経験している子は多い。勤務校の実態を見てみても、そのことがわかる。グラフで実態を確かめた後、「RICE」の指導を行った。

けがの種類
- きず 50%
- 打撲 37%
- 捻挫・つき指 8%
- その他 5%

まず、打撲や捻挫・つき指をした時に、どんな手当を受けたかを尋ねた。すぐに「冷やす」と返ってきたので、

> 発問：つき指をしてしまいました。今すぐに冷やす方法を考えて、やってごらんなさい。

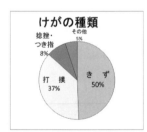

と問いかけた。すると、全員が手洗い場へ向かい、水道

水で冷やしていた。

　「RICE」の考え方では、「冷やす」前にすることがある。「動かさない」ことが大事だということを話した。

発問：その場から動かないで、冷やす方法はありませんか。

　「バケツを使う」と答えた子がいたので、用意しておいたきれいなバケツに水を汲んでこさせ、希望する３人に手首ごとつけさせた。子どもたちから他の方法は出てこなかったが、養護教諭が２つの方法を紹介してくれた。一つは「ペットボトル」で冷却する方法。そして、もう一つが「ビニル袋」の活用である。水が入ったビニル袋に触れた子たちは「意外に冷たい」とつぶやいていた。

指示：つき指した所を冷やしながら押さえて、心臓より高く持ち上げることが大事です。やってごらん。

　つき指の想定で、「RICE」の一連の流れを体験させた。次は、応用である。

発問：足首を捻挫してしまいました。心臓より高くに持ち上げるには、どうすればよいですか。

　自由に試させると、写真のような方法に落ち着いた。

　打撲や捻挫・つき指の手当を主に取り上げたが、授業の最後に、養護教諭が「『RICE』はきずの手当にも有効」と話してまとめてくれた。

　授業後、子どもが書いた感想を紹介する。

　けがには RICE 処置が必要だということがよく分かりました。RICE 処置は簡単にできるので、父や母にも教えたいなと思いました。保健には、RICE 処置みたいに習ったらすぐにできるものばかりあるので、保健を一所懸命がんばりたいです。RICE 処置は、覚えやすくていいです。

（村田正樹）

Ⅱ

⑤ 6年生「薬物乱用防止」授業例

　本稿では、シンナーを中心とした薬物乱用防止の授業（45分）を述べる。

　左下図を見た感想を発表させた後、「この人は、一体どんな図、絵を描こうとしたのですか」と尋ねる。「地図」、「等高線」などと発表された。

　「実は、この図を描こうとしたのです」と言って、正解を見せた。子どもた

（『マンガ薬物乱用防止読本①』
Yes to life, No to Drugs』（廣済堂出版）30頁より）

（『マンガ薬物乱用防止読本②』
Yes to life, No to Drugs』（廣済堂出版）30頁より）

ちは、驚いていた。

　「これ（左下図）を描いた人はどんな人でしょう」

　シンナーを吸い続けている人であることを教えた後で、シンナーや麻薬、覚醒剤などの薬物について知っていることをノートに書かせ、発表させた。「一回すると、やめられなくなる」、「持っていると、警察に捕まる」「病気になる」など、バラバラだが、薬物に関する情報が共有される。

　ここから整理して教えていく。まずは、身体への害である。

指示：シンナーを吸うと、体にどんな症状が出るでしょう。そうなると思うものは○、そうならないと思うものには×をつけなさい。

・物が大きく見えたり小さく見えたりする。　　・歯がボロボロになる。

・実在しないものが見える。　　　　　　　　・延髄が麻痺して死ぬ。

　これ以外にあと5つ尋ねた。ちなみに、すべて○である。

　続けて、シンナー乱用者の手記（次頁）を読んだ後に「シンナーなどの薬物を吸うと、なぜ、このようなことになるのでしょうか」と尋ねた。

　発表させた後、「シンナー乱用が原因で縮んだ脳」の写真を見せた。正常な脳の写真は隙間が少ないが、シンナーを乱用すると、脳の細胞が破壊され、隙

「飛び込め」という電波指令が…!

（高校生・17歳）

シンナーをやり始めてからは顔も体もやせ、目のまわりには黒いクマができて、普通の人間ではありませんでした。

皮膚の下にウジ虫が見え、包丁でウジ虫をほり出そうと自分の胸を切り続けたこともありました。

壁のシミが虫に見えたり、ものがゆれて見えたりし始めました。

1年後には本格的な幻覚妄想に悩まされるようになりました。仲間が悪口を言っている気がして、殺してやろうと包丁を片手に部屋を飛び出し、一晩中町をさまよったこともあります。

最後には「車に飛び込め!」という電波が頭に入り、夢中で道に飛び出して、半年間入院し、車椅子の生活になってしまいました。

『マンガ薬物乱用防止読本　ダメ・ゼッタイ』（廣済堂出版）30頁より）

間が大きくなる。破壊された脳の場合、判断力が落ち、感情を抑えられなくなるので、手記のようなことになることを伝えた。

このように、まずは、写真や手記などの迫力のある資料を通して、薬物乱用の害の深刻さを教える。

ところで、新学習指導要領の「保健」には、「病気を予防するために、課題を見付け、その解決に向けて思考し判断するとともに、それらを表現すること」という内容が、新たに追加された。

そこで、次に、友達から誘われた時の対処法について考えさせる。薬物に手を出した理由に、友達から誘われたというケースが多いからである。学習方法はロールプレイ。私が誘う役、子どもたちに対処させる役をさせた。

「1回くらい大丈夫」「みんなもやっているよ」「いくじなし」などと言葉巧みに誘っていった。子どもがした対応について、個別評定をしていった。

毅然とした態度で、「嫌だ」などと言った子ほど点数を高く、あいまいな態度をとった子ほど点数を低くした。

実際にやってみると分かるのだが「嫌だ」という言葉をなかなか言えない。

授業では、ロールプレイをさせた後、立場を変え、M君に誘う役をさせ、私が対処する役をした。

誘われると、私は「嫌だ」と強い口調で言った。再び誘われても「嫌だ」とさらに強い口調で言った。M君は驚き、言葉がでなくなった。説明した。

説明：今やったように、「シンナーって、気持ちいいよ」と誘われることがあるかもしれません。その時には、強い口調で「嫌だ」と言いなさい。

すると、再び言ってくると思います。「一回くらい大丈夫だよ。」その時にも、はっきりと強い口調で「嫌だ」と言いなさい。

余計な言葉を言わずに、はっきりと強い口調で「嫌だ」と言えば、それ以上要求してきません。

最後に、授業の感想を書かせて、授業を終えた。　　　　　　　　（上木信弘）

Ⅱ 1 倒立ブリッジの指導法（マット）

POINT 膝を曲げさせ、「近く」を意識させる

1. 倒立ブリッジを成功させるための前提条件とは

　倒立ブリッジでは、「柔軟性」と「倒立をまっすぐに安定させること」が必要条件ではない。それらを満たさなくても「できる」のである。

　もちろん、それらの条件を満たしていれば、美しい倒立ブリッジができるが、それを全ての子どもの必達目標にする必要はない。

　技を成功させる前提条件は、次の2つである。

---

① 壁倒立・補助倒立ができること。
② 頭をマット（床）から離したブリッジができること。

　倒立ブリッジは、首はね跳びやロンダートなどの「ほん転技群」の技である。安定した倒立ができなくても、倒立ブリッジはできるのである。

2. 指導のスモールステップ

（1）壁倒立

　壁倒立と言えば、通常は膝をまっすぐ伸ばした状態をイメージするが、この場合は、「倒立ブリッジにつなげる壁倒立」である。膝を伸ばす必要はない。

　右のように、膝が曲がっていてよいのである。むしろ、膝が曲がっている方が子どもはブリッジに繋げやすい。

　更に、足が壁に到達しやすく、恐怖心が軽減される。

　壁倒立の指導のステップは次の2段階である。

壁をタッチ

① 最初は膝を曲げた状態で壁に足裏でタッチさせる。
　　タッチしたら、すぐに戻す。これを5回繰り返す。

子どもに教える合言葉は、「壁をタッチ」である。

② 膝を曲げた壁倒立の後、静止させる。足を壁伝いに下へ3〜4歩移動させたら元に戻す。この移動によって、体が反ってブリッジに近づく。合言葉は、「タッチ。ストップ。1・2・3・4（足を下に移動）。もーどーす」

| タッチ・ストップ | 1・2・3・4 | もーどーす |

(2) ロールマットを使ったブリッジ

ロールマットの上でブリッジをさせて完成形を掴ませる。終末局面開始の原則である。まずは、ロールマットに体重を乗せてもよい。これによって、体重を支えてくれる安心感をもたせる。

(3) 着地の足の位置について考えさせる

子どもに運動のコツを発見させるために、次のような発問をする。

「着地する時の足の位置は、手に近い方がいいのか。遠い方がいいのか」

実際にケンステップやマーカーコーンを置いて目印とし、どちらがやりやすいかを体験させて比較させる。確認の際には、モデルを見せてもよい。

足の着く位置が遠いと、下の写真のようにつま先が浮いてしまい、不安定になるのである。子どもたちは、「足の位置は近い方が安定する」ことに気づく。

足の位置を近づけることが、倒立ブリッジのテクニカルポイントである。

| 足が遠くの場合 | 足が近くの場合 |

(4) ロールマットを使って、倒立ブリッジ

補助者は横に立ち、膝の裏側を支え、ゆっくり片足ずつ下ろす。

この際、「手と手の間だけを見ていなさい」と視点を指示すると倒立までが安定しやすい。

(引用：文部科学省『器械運動指導の手引』P.87)

両足を下ろした後は、背中を支えて足を近づけさせていく。初期の段階では、ロールマットを組み合わせて行う。

（東條正興）

Ⅲ 超難教材の指導法

2 前方支持回転の指導法（鉄棒）

1. 前方支持回転の指導ポイント

次の３つの動きができるように指導する。

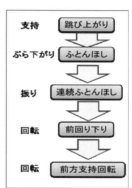

支持	跳び上がり
ぶら下がり	ふとんほし
振り	連続ふとんほし
回転	前回り下り
回転	前方支持回転

1　上体の大きな振り込み
2　鉄棒の真下を過ぎての前屈
3　起き上がり動作

2. 動きづくり

技のつながりを踏まえた上で、ふとんほしから前回り下りへのステップを特に細かく設定して指導する。

なお、指導の際は、鉄棒の真下に線を引く。

（1）跳び上がり

① 肘が伸びるほど後ろから

② 真下から

③ 真下より前から

（2）ふとんほし

① ５秒間ぶら下がる

② 「ふとんほし→ツバメ」を３回繰り返す（連続ふとんほし）

③ ２回振った後、３回目は真下で胸を膝に近づける

線を踏んで　　踵を着けて　　踵を着けずに

連続ふとんほし

３回目に、胸を膝に近づける

（3）前回り下り
① 速く回る（5秒以内に3回まわる）
② 長く回る（真下の線より後ろに下りる）

3. 前回り下りから前方支持回転へ

　「上体の大きな振り込み」と「真下を過ぎての前屈」の指導は、前回り下りのゲームを通して行う。前回り下りの着地位置を得点化し、個人やグループで競わせる。より高得点をとるための手立てとして、「背筋と肘を伸ばして回り始めること」や

「目線をあげること」「前屈のタイミング」などについて、発問して気づかせたり、直接指示したりして指導する。

　「真下を過ぎての前屈」
のタイミングを掴ませるのは難しい。そこで、鉄棒の2m前に友達を座らせて、「友達と目が合ったら、胸を膝に近づけなさい」と指示してもよい。

　2つのポイントを一通り指導した後は、「2回の試技で何点とれたか」を基に習熟度を診断し、それぞれに合った課題を示す。

　2回の合計が15点以上の子は、連続3回転や前方伸膝回転に挑戦させる。10点を越える子は補助で回らせてもよい。

　8点以下の子には、補助具を着けて回る経験をさせる。その際は、「上体を大きくして回り始めること」「目印が見えたら前屈すること」を意識させる。

（村田正樹）

Ⅲ 超難教材の指導法

3 かかえ込み跳びの指導法（跳び箱）

POINT 「安心できる場作り」と「細やかな指導ステップ」で 8 割達成を目指す

かかえ込み跳びは「発展技」と指導要領解説にある。高学年達成率80％は可能だ。

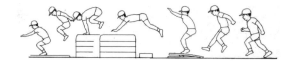

7分30秒から

文部科学省動画
QR コード

1. 基礎感覚・基礎技能づくり

腕支持・突き放し・逆さの感覚づくりが大切になる。

① 壁を使っての突き放し（始めはジャンプなしで）

② その場でのうさぎとび（足→手→足の順序性）

③ 床やマットでのうさぎ跳び

指示：できるだけ手の位置よりも足を前に出そう。

③

できれば、Finish では右図のように両腕を前に出す意識を。

④ 3人組や4人組での跳び越し練習

ゴムひもの高さは個人に応じて調節可能である。

④

2. スモールステップによる細やかな場作り（根本正雄氏の修正追試）

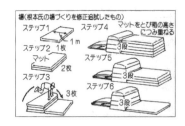

　左図のような「マット1枚から始める段階的な場作り」を用意した。縦横4段以上のレベルはステップ6の達成者のみ挑戦させた。更に私は「ステップ4」をより細分化して安全な場作りを行った。それが次頁のブロックマットである。

116

かかえ込み跳びは、右図の青い楕円の空間が広い方が跳びやすい。脚がぶつからず、肩角度も広いため突き放しが容易に

肩角度

なるからだ。跳び箱の近くで踏み切ろうとすると窮屈で跳びづらくなる。「斜め」のブロックマットを用いるのは、脚がぶつかる恐怖心を軽減し、「踏切から着手までの空間」を広く取るための工夫なのである。

> マットに手を着いて、うさぎとびと同じ動きをしてみよう。

踏み切りと着手に勢いが出る。正座で着地になりがちだが、それでよい。腕支持と突き放しができたからだ。慣れたら跳び箱入りの場作りをする（下の写真）。

> もっと後ろから踏み切って、跳び箱に手を着いて跳び越そう！

　突き放しを意識させる。足の着地地点が跳び箱と同じ高さなので、安心感がある。跳び越せるようになったら、「足裏での着地」も意識させる。エバーマット上の小マットを外すと着地地点が少しずつ下がり、足裏着地がしやすくなる。最終的には、ブロックマットを外し「調節器のみ」とした。

このような段階指導を行うことで、33人中31人が達成した。達成率93％だった。

段階		①修正ステップ4 初めから跳び箱のかかえこみ跳び動	②ステップ5	③ステップ6	④ステップ7
対象学年 6年生					
1	女			○	○
2	男				○
3	男	○			
4	女	○			
5	男	○			
6	女	○	○	○	○
7	男	×			
8	女	○	○	○	○
9	男	○			
10	男	○			
11	男	○			
12	女	○			
13	女	×			
14	男	○			
15	女	○			
16	女	○			
17	女	○			

段階		①修正ステップ4 初めから跳び箱のかかえこみ跳び動	②ステップ5	③ステップ6	④ステップ7
対象学年 6年生					
18	男		○	○	○
19	男		○	○	○
20	男	○			
21	女		○	○	○
22	女		○	○	○
23	女	○			
24	男	○			
25	女	○			
26	女		○	○	○
27	女	○			
28	男	○			
29	女	○			
30	男	×			
31	男		○	○	○
32	女		○	○	○
33	女		○	○	○

（根津盛吾）

4　首はね跳びの指導法

 楽しく、安全に「はね」を体感できるTOSS式首はね跳び指導法

1．首はね跳びに必要な4つの動き

　首はね跳びの動きは、主に4つに分けられる。「はね」とは、以下のABCDの4つの動きを、一連の動作の中でタイミングよく繋げることである。

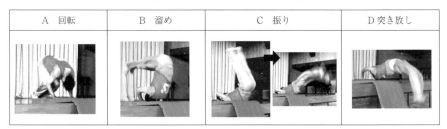

A　回転	B　溜め	C　振り	D突き放し

2．首はね跳び指導のステップ（全6時間）

（1）ABの動き→伸膝台上前転を通して習得

　まずは、伸膝台上前転の練習をする。Aの回転とBの溜めは、伸膝台上前転と同じ動きである。だから「膝の伸びた前転」が重要になってくる。マット1枚で成功したら徐々に高さを上げる。それが伸膝台上前転だ。膝を伸ばすことができると回転スピードを調節できる。Aは超遅い回転。Bは伸膝姿勢を保ちながら、回転を一瞬止める。伸膝台上前転ができないと首はね跳びはできない。

（2）CDの動き→前回りブリッジを通して習得（ステージ段差を利用する）

（2）①前回りブリッジ

注：必ず安全マットを敷くこと。

　①　「前回りブリッジをします。手をマットに着けたまま、腰を超ゆっくりと開きなさい」。ブリッジなので、手を残すことが重要。これが手の突き放し

に繋がる。ブリッジの形が作れるまで繰り返す。3秒静止が目安となる。

　②　「膝を伸ばしたまま、前回りブリッジをします」。膝の伸びた状態で前回りをすると、足の振りが鋭くなり回転の勢いが増す。自然と体がふわっと浮き上がる。これが、「はね」に近い状態である。手がマットから離れてしまってよい。

(3)　AB＋CD→ボールを使ってはねを体感〜TOSS式首はね跳び指導〜

　①　ABとCDの動きを上手く繋ぐ工夫が、ボールを使った首はねとびである。（ソフトバレーボールを首元に装着する。体育着とビブスの間に挟む。）ボールの縮みにより、Bの溜めを体感しやすい。また、ボールの弾みに合わせてCDの動きのタイミングをつかみやすい。さらに、ボールがクッションの役割を果たすため、首が痛くない。楽しく、安全に「はね」を体感できる。

(3) ①ボール首はね跳び　　　　　　　　　　　　　注：必ず安全マットを敷くこと。

　②　発問「手を突き放すのはいつのタイミングがいいですか。」

　ア）足が頭上に来るちょっと前

　イ）足が頭上に来た時

　ウ）足が頭上を過ぎた時

　意見は割れるが、全て試技させる。多くはイとウで割れる。個々に感覚が異なるので、はねが見られれば可。

【見本】友達の技を見て何点だったか伝えよう‼

　③　「友達の技を見て、膝が伸びているかどうかを判定しなさい」。右上の見本カードをもとに、児童相互に判定させる。

(4)　ボールを外しての首はね跳びに挑戦　〜首はね跳びの完成に向けて〜

　ボール首はね跳びで、「はね」のタイミングをつかめたらボールを外して挑戦させたり、場所を変えて跳び箱で挑戦させたりする。跳び箱でもボール首はね跳びは有効である。何度も挑戦して「はね」を体感させたい。　　　（佐藤大輔）

Ⅱ 5 泳げない子をなくす指導法

「命を守る水泳」を目指すと簡単に泳げるようにもなる

1. 溺れる子をなくすために

　なぜ溺れるのか。溺れる子をなくすためにはどう授業を組み立てていけばよいのか。「泳げないといけない」という発想ではなく、「水難事故に出遭ったこと（落水等）を想定し、それに対処する力をつける」という発想で授業を組み立てていくのである。

① 不意に落水する
② 水面に浮かび上がる
③ 浮き沈みを繰り返して 　 呼吸を続ける（浮沈力）
④ 浮き漂う（浮漂力）
⑤ 移動する（泳ぐ）
⑥ 岸に上がる…等。

　左①～⑥をプールで疑似体験し、対処する技能を身に付けさせる。

　これらの中で命を守る上で核となる技能は①～④である。特に③の連続だるま浮き、④の背浮きは新学習指導要領「安全確保につながる運動」において習得すべき技能として明記された。

具体例（上の表と対応）

①→足からの落水体験
②→だるま浮き
③→連続だるま浮き
④→ライフジャケットを着用したり 　 ペットボトルを抱えたりしての 　 立位での浮漂や背浮き
⑤→従来から行っている泳法指導
⑥→水面からプールサイドへ自力移動

　なお、落水体験はこの授業だけでは不十分である。落水遊びとして低学年の時から何度も何度も経験させておくべきである。幼少から自然の水辺環境で落水遊びを繰り返してきた子どもは溺れることはないのだから。

　泳げることだけを目指すと泳げるようにはならない。が、「命を守る水泳」を目指すと簡単に泳げるようになる。高学年なら9割の子が3、4回の授業で何百mも泳げるようになる。実際に授業をしてみれば、そのことを実感できるであろう。

　何よりも水泳授業に対する子どもたちのモチベーションが非常に高いものとなる。これが最大の違いである。

2. 泳げない子をなくすために

　学習指導要領が目標とする泳力はクロールや平泳ぎで 25m～50m 程度である。全国的に見れば 25m の泳力に悩んでいる学校は多い。泳げない子は「みんなどうして泳げるのだろう？」とあきらめ、泳げる子は泳げない子を見て「どうして泳げないの？」と不思議がっている。教師は「どうにかしてあげたいけど指導しても効果のある子とない子がいる。それは仕方がないことなのよ」という心境である。泳法指導すらままならない現実がある。

　新学習指導要領で指導内容が変わり、こうした状況は大きく改善されると思うが、泳げない子をなくすには教師の意識改革が必要である。「泳げない原因は必ずある。その原因を突きとめれば解決方法も見つかり必ず泳げるようになる」という意識へ、である。

　子どもたちから見れば、授業とは「できないことができるようになる」「わからないことがわかるようになる」というものである。それを「努力してもできない」「自分には無理、能力がないから……」という自己否定の心理状態に決して追い込んではならない。

　「泳げない原因は必ずある」という意識を持っていれば、今まで見えていなかったものが必ず見えてくるようになり、子どもの能力を伸ばすことができるようになる。

　実は私にもなかなか解明できなかった"原因"があった。「鼻から呼息していない」ということであった。そのため軟口蓋が閉じず鼻腔へ水が入っていたのである。その子は鼻がツーンとなり、泳ぐことを続けられなくなっていたのである。解明まで半年を要したが次のような貴重な情報も得ることができた。
→　鼻腔への水の浸入を防ぐには「ン～ン、パッ」と言って鼻から呼息する。逆に「ブクブク、パッ」は口から呼息するようになり鼻腔に水が入ることが多くなるため不可。瞬間的に鼻に水が入り耳管を通って耳へ上がってしまうと「めまい発作」が起き平衡感覚を失ってしまう。そのため浅いところでも溺れることがある。

（鈴木智光）

Ⅲ 超難教材の指導法
6 投げる動作がままならない子への指導法

 お手玉とスモールステップで徐々に正しい投げ方ができるようにしていく

1. 最強のアイテムは「お手玉」

　子どもが、投げる動作を徐々に身につけていくために欠かせない最強アイテムは、「お手玉」である。どの学校にもあり、数も多いので、一人1個持つことができる。一番のメリットは、柔らかく、当たってもそれほど痛くないことだ。また、あまり弾まないので、捕りやすい。赤、白があるだろうが、赤が見やすい。

　一人1個持って、力一杯、上に投げたり、前に投げたりする活動を取り入れる。次に、グラウンドの端から思いっきり投げる。自分で取りに行き、反対側から、逆の手で思いっきり投げる。左右の手が両方使えるようになるとよい。

2. 正しく投げる動作を身につけるためのスモールステップ

　投げる動作については、次のように指導する。

---

　① 　手首を返して（スナップ）、投げられるようにする。
　② 　肘を頭の上まで上げて投げられるようにする。
　③ 　後ろの足から前の足に体重移動をして投げられるようにする。
　④ 　反対の手を前に伸ばして投げられるようにする。

　以下、①～④で順に説明する。
①　手首の返し（スナップ）ができない子が多いので、お手玉を下にたたきつける。（桑原氏の実践では、新聞紙にガムテープを巻いたボールを使用した。こちらの方がよく弾む）。メンコや紙鉄砲でも、スナップのトレーニングができる。自分の真下にボールを思いっきりたたきつけることで、手首を返す動き

になる。

② 頭の上まで腕を上げて、万歳のポーズを取る（右写真）。肘が下がると、投げるときの回転が小さくなり、遠くまで投げることができない。桑原氏は、両手を挙げたポーズを「ガオー」と表現していた。

　右の写真を見ると、「ガオー」のポーズをする前（左）とした後（右）では、した後のほうが、肘が上がっていることがわかる。「肘は頭より上だよ」
と言うだけでは変わらない子も、「ガオーだよ」と言うと、肘が自然と上がる。

③ 投げる動作がままならない子は、正面を向いて投げてしまう。横向きが難しい。また、横を向いても、体重を後ろの足から前の足に移動させることが難しい。そこで、体重移動を身につけさせる方法を2つ紹介する。

　1つ目は、お手玉を自分の後ろに置いて、取ってから投げることである。投げる手をお手玉に伸ばすことで、自然と体重が後ろにかかる。前の足は上がる。お手玉をつかんだら、上げた足を下ろして、そのまま体重を前足に移動して投げるのである。

　2つ目は、まず、隣とペアを組んで、4人組を作る。一人が座って、お手玉を手渡す。2人の距離は、ぎりぎり届くくらいにする。地面よりは少しお手玉の位置が高くなるので、より実践的な動作になる。このような動作を入れることで、どの子も、体重移動を体感しながら投げることができる。

④ 反対の手は、意識しないと、下に下がっていることが多い。目標物に向けて、反対の手を伸ばすことにより、コントロールがよくなっていく。投げるときには、体幹方向へ引き戻すことになる。

（小松和重）

Ⅲ 1 ICT活用の体育授業

1. 「首はね跳び」を映像で視聴する（活動提示場面）

指示：首跳ね跳びの映像を見ます。

　首はね跳びの見本映像を流す。教室や体育館の大型テレビ、タブレット端末を使用する。

【動画として準備するサイト例】
① NHK for school
「はりきり体育ノ介」http://www.nhk.or.jp/taiiku/harikiri/
②文部科学省「小学校体育（運動領域）デジタル教材 小学校高学年体育〜06 跳び箱運動」
https://www.youtube.com/watch?v=sK-XtXytbtI&list=PLC97AFF40C4281B24&index=7&t=0s

　ICTを用いることで、視覚的に示すことができるだけでなく、教師の説明時間を減らすことができる。

2. 動画撮影をする（問題解決場面①）

　ペアに1台タブレット端末を持たせた。（グループに1台でもよい）

指示：ペアの人に技を撮影してもらいます。

　一人の子が「首はね跳び」を行い、その様子をペアがタブレット型端末で撮影する。

【撮影前に指導しておくこと】
①録画方法について、教室で事前に教える。
②動画を視聴する際に必要な機能である「再生」「一時停止機能」について教える。

「一時停止機能」を使うことで、子どもたちは自分の「着手の位置」「視線」「身体の伸び」について見ることができる。

　デジタルカメラで撮影するよりも大画面であり、見やすいのがタブレット型端末の利点である。

どこに着手したか？

膝は伸びているか？

再生・一時停止のボタン

3. 動画を見比べ、問題を発見する（問題解決場面②）

> 発問：お手本の跳び方と自分の跳び方を比べ、異なっているところはどこですか。

　「二画面再生」が可能なアプリを使用する。

　画面左側に「お手本」、右側には「自分の動画」を置いて、左右同時に再生する。「運動の流れ」「時間経過による動きの流れ」「動きの方向性」などを、「お手本」と「自分の動き」とで見比べることができる。

お手本の動画　　自分の動画

【使用したアプリ】
iPad アプリ「Coach My Video」（なお、Windows タブレットで使用可能なアプリもある。）

【場づくり】
①2同様、一人の子が「首はね跳び」を行い、もう一人が撮影する。

撮影後、交代する

②撮影する際、お手本の動画と同じ撮影角度の動画を撮るために撮影場所をケンステップ等で指定する。

③撮影後、ペアで「動きの課題」を見つける。

4. 問題を追究する

> 指示：自分の課題を意識して練習をします。

　課題に合った場で練習した後、再度動画撮影し、見比べる。

> 指示：先程の課題を意識して練習できたのか、ペアの人に言います。

【アプリを使うよさ】
①違いが見える（メタ認知）
動画を見比べることで、お手本などのよい動きとの違いが一目で見てわかる。
②上達が見える
左画面に「過去の自分の動画」を置き、右画面に「今の自分の動画」を置くことで、自分の上達を目で見て確認することができる。タブレット型端末内に動画を保存していくことで、個々のポートフォリオとしての活用も可能となる。
③自己の動きをすぐさま見ることができる
自らの動きをすぐに確認することができる。

（加藤三紘）

Ⅲ 2 動きがぎこちない子への指導(感覚統合の視点から)

 人間の成長過程に目を向けて、発達の土台を育てる動きを取り入れる

1. 動きがぎこちない理由ー発達の土台が崩れている

　脳は３つの脳からできている。[脳幹＝からだの脳]は、様々な情報（外界から入力される感覚）を受け取る。[大脳辺縁系＝こころの脳]は、受け取った情報に対して、好き嫌いなど（感情）を感じる。[大脳新皮質＝ことばの脳]は、入力情報と感情をコントロールして、思考したり判断したりする。脳の成熟は、人類の進

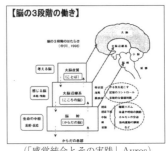

（「感覚統合とその実践」Ayres）

化と同じで、必ず「からだ→こころ→ことば」の順に育っていく。体が育っていなければ、人間脳＝ことば脳は育たない。

　右図は、困り感がある児童の脳内の様子である。表面上の見た目は普通だが下の積み木（脳内の状態）がバラバラで積み上がっていない。

　つまり、困り感のある児童は、からだ＝脳幹の部分が十分に育っていない。各感覚器官は正常でも、それらの連携が脳内で知覚されず、うまくいっていないと考えられる。

（引用「感覚統合研究会講座資料 福田恵美子）Ayres）

2. 脳幹にアクセスした運動を取り入れる

　学校生活に脳幹にアクセスした運動を取り入れて、脳幹を正常な状態にすることで、体が安定し、学習及び生活が正常に学べるようになる。教師はその効果を認識し意図的に取り入れてほしい（作業療法士／福田恵美子氏）。

（1）校庭遊具 – 感覚統合アプローチの宝庫

① ぶらんこ：前庭覚・動きやバランス感覚／視点距離が変化することによって、視知覚及び認知が促進される。

② すべり台：触覚・前庭覚（スピード感覚）・固有覚／高低差を滑り降りる勇気や滑走時の姿勢・保持（調整力）などが自然と身に付く。

③ ジャングルジム：前庭覚・固有覚・触覚・視覚等、のぼる、くぐる、おりる、わたる等の全身運動。集団遊びの中でのジャングルジムは移動しながら遊ぶことで、身体感覚や友だちとのコミュニケーション力もつく。

(2) 昔遊びの効果

(3) 脳内を連携させる動きの活用

「正中線」は（医学では）体の中心を左右に二分する線。上下・前後・左右の四肢をクロスする動きを作る

鬼ごっこ	敏捷性　注意力　仲間意識
かくれんぼ	判断力、想像力　仲間意識
チャンバラ	敏捷性、バランス、予想・判断力、体軸保持
だるまさんが転んだ	止まる・聞く・調整力、仲間意識
ボム遊び	筋力、身体バランス、調整力
ビー玉	調整力、判断力、追視、注視
竹馬	協調性、腕力、平衡能力
お手玉	手と目の協調性、把持力の調整
わらべうた	ワーキングメモリ、コミュニケーション能力

ことで、右脳と左脳の連携を図ることができる。

解剖学では以下のようになる。
正中面（線）とは、左右対称。
冠状面（線）とは、前後に。
横断面（線）とは、上下に。

【クロスクロール】

①右肘を左腿に、
②左肘を右腿に
タッチ
左右の正中線を越える動きとして、診療現場でも用いられている。

(3) ハイホー体操

4種の動きで肩甲骨を動かし、関節可動域を広げる。

① 肩甲帯を上下に動かす

② 背骨を軸にして体を左右に回旋させる

③ 肩甲帯の回旋
走るように腕を前後に大きく振る

④ クロスクロールを行う

（鈴木恭子）

「する」「見る」「支える」活動を授業開きから意識させる

豊かなスポーツライフとは、

> スポーツを「する」「見る」「支える」など、より多くの接点から楽しむことができる生活（文部科学省 HP より）

である。「豊かなスポーツライフ」を目指すには、「いつでも」「どこでも」「いつまでも」運動やスポーツを継続的に行っていくことが必要である。

学校では、子どもたちにスポーツとの様々な接し方を経験させ、「スポーツって楽しい！」「スポーツをやりたい！」という意欲が湧くような授業を展開していかなくてはならない。今回は、「する」「見る」「支える」というスポーツの接し方をクローズアップさせた授業を紹介する。

1. タオル投げを行う。

> 指示：タオル投げをします。投げたら手を叩きます。できるだけたくさん叩けるようにします。

1分程度行い、回数を確かめる。一番多かった○○さんの動きを見せて、上手な所を見つけさせた後、2回目のタオル投げを行わせる。回数が増えた子には、どんな工夫をしたのかを発表させる。「丸める」「高く上げる」「低い位置で取る」などが出されたら、

> 発問：もっとたくさん叩くにはどのようにしたらよいですか

と話して、工夫を促す。

2. スポーツの「する」「見る」「支える」活動について知る。

> 説明：スポーツには、スポーツを「する」「見る」などの活動があります。
> 発問：タオル投げで「する」活動はどこですか。「見る」活動はどこですか。

タオル投げをする　　→スポーツをする。
上手な人の動きを見る→スポーツを見る。

> 説明：スポーツにはこの他に「支える」活動があります。

　マラソン大会におけるボランティア員や、視覚障害者のサポートランナーなどを紹介する。

> 説明：「支える」活動をやってみます。3人
> 組でやります。タオルを投げる人、取る
> 人、教える人に分かれます。

　投げられたタオルを取る運動である。ただ
し、取る人は目をつぶる。取る人の後ろで教え
る人が、「右」「左」と指示して、取る人をサポートする。手本を示しながら説明するとよい。交代させながら3分程度活動させる。終了後、感想を発表させる。

> 説明：スポーツには、「する」「見る」「支える」活動があります。体育の
> 授業では、これらの活動を楽しくやっていきましょう。

　この後の授業では、行った運動のどの部分が「する」「見る」「支える」活動
だったのか確認させながら実施するとよい。

（岡　城治）

◎執筆者一覧　※印は編者

桑原和彦　　茨城県公立小学校教諭　※
上木信弘　　福井県公立小学校教諭
根津盛吾　　山梨県公立小学校教諭
木村亮介　　福井県公立小学校教諭
小松和重　　千葉県公立小学校教諭
村田正樹　　福井県公立小学校教諭　※
前田哲弥　　福井県公立小学校教諭
東條正興　　千葉県公立小学校教諭
佐藤貴子　　愛知県公立小学校教諭
郡司崇人　　茨城県公立小学校教諭
岡　城治　　茨城県公立小学校教諭
奥本　翼　　石川県公立小学校教諭
鈴木恭子　　神奈川県公立小学校教諭
大川雅也　　長野県公立小学校教諭
佐藤泰之　　東京都公立小学校教諭
鈴木智光　　愛媛県公立小学校元教諭
成田優也　　埼玉県公立小学校教諭
工藤俊輔　　埼玉県公立小学校教諭
牛田美和子　愛知県公立小学校教諭
森本和馬　　福井県公立小学校教諭
辻岡義介　　福井県公立小学校教諭
佐藤大輔　　栃木県公立小学校教諭
加藤三紘　　山梨県公立小学校教諭

◎監修者

谷　和樹（たに・かずき）

玉川大学教職大学院教授

◎編者

村田正樹（むらた・まさき）

桑原和彦（くわばら・かずひこ）

授業の腕が上がる新法則シリーズ
「体育」授業の腕が上がる新法則

2020 年 5 月 20 日　初版発行

監　修　谷　和樹
編　集　村田正樹・桑原和彦
執　筆　「体育」授業の腕が上がる新法則　執筆委員会

発行者　小島直人
発行所　株式会社 学芸みらい社
　　　　〒 162-0833 東京都新宿区箪笥町 31 箪笥町 SK ビル
　　　　電話番号 03-5277-1266
　　　　http://www.gakugeimirai.jp/
　　　　e-mail:info@gakugeimirai.jp
印刷所・製本所　藤原印刷株式会社
企　画　樋口雅子
校　正　渡部恭子
装　丁　小沼孝至
本文組版　藤原印刷株式会社

授業の腕が上がる新法則シリーズ 全13巻

監修：谷 和樹（玉川大学教職大学院教授）

新指導要領対応！

新教科書による「新しい学び」時代、幕開け！
2020年度からの授業スタイルを「見える化」誌面で発信！

4大特徴

基礎単元＋新単元をカバー	授業アイデア＆スキル大集合
授業イメージ、一目で早わかり	新時代のデジタル認識力を鍛える

◆「国語」授業の腕が上がる新法則
村野 聡・長谷川博之・雨宮 久・田丸義明 編
978-4-909783-30-1　C3037　本体1700円（＋税）

◆「社会」授業の腕が上がる新法則
川原雅樹・桜木泰自 編
978-4-909783-32-5　C3037　本体1700円（＋税）

◆「算数」授業の腕が上がる新法則
木村重夫・林 健広・戸村隆之 編
978-4-909783-31-8　C3037　本体1700円（＋税）

◆「理科」授業の腕が上がる新法則※
小森栄治・千葉雄二・吉原尚寛 編
978-4-909783-33-2　C3037　本体2400円（＋税）

◆「生活科」授業の腕が上がる新法則※
勇 和代・原田朋哉 編
978-4-909783-41-7　C3037　本体2400円（＋税）

◆「音楽」授業の腕が上がる新法則
関根朋子 編
978-4-909783-34-9　C3037　本体1700円（＋税）

◆「図画工作」授業の腕が上がる新法則
1～3年生編※
酒井臣吾・谷岡聡美 編
978-4-909783-35-6　C3037　本体2400円（＋税）

◆「図画工作」授業の腕が上がる新法則
4～6年生編※
酒井臣吾・上木信弘 編
978-4-909783-36-3　C3037　本体2400円（＋税）

◆「家庭科」授業の腕が上がる新法則
白石和子・川津知佳子 編
978-4-909783-40-0　C3037　本体1700円（＋税）

◆「体育」授業の腕が上がる新法則
村田正樹・桑原和彦 編
978-4-909783-37-0　C3037　本体1700円（＋税）

◆「道徳」授業の腕が上がる新法則
1～3年生編
河田孝文・堀田和秀 編
978-4-909783-38-7　C3037　本体1700円（＋税）

◆「道徳」授業の腕が上がる新法則
4～6年生編
河田孝文・堀田和秀 編
978-4-909783-39-4　C3037　本体1700円（＋税）

◆「プログラミング」授業の腕が上がる新法則
許 鍾萬 編
978-4-909783-42-4　C3037　本体1700円（＋税）

各巻A5判並製
※印はオールカラー

激動する社会の変化に対応する教育へのパラダイムシフト —— 谷 和樹

　PBIS（ポジティブな行動介入と支援）というシステムを取り入れているアメリカの学校では「本人の選択」という考え方が浸透しています。その時の子ども本人の心や体の状態によって、できることは違います。それを確認し、あくまでも本人にその時の行動を選ばせるという方法です。これと教科の指導とを同じに考えることはできないかも知れません。しかし、「本人の選択」を可能にする学習サービスが世界的に広がり、増え続けていることもまた事実です。

　また、写真、動画、Webページなど、全教科のあらゆる知識をデジタルメディアで読む機会の方が多くなっているのが今の社会です。そうした「デジタル読解力」について、今の学校のカリキュラムは十分に対応しているとは言えません。

　子どもたち「本人の選択」を保障する考え方、そして幅広い「デジタル読解力」を必須とする考え方を公教育の中で真剣に考える時代が到来しつつあります。

　本書ではこうしたニーズにできるだけ答えたいと思いました。

　本書の読者のみなさんの中から、そうした問題意識をもち、一緒に研究を進めていただける方がたくさん出てくださることを心から願っています。

小学校教師のスキルシェアリング そしてシステムシェアリング
─初心者からベテランまで─

授業の新法則化シリーズ
＜全28冊＞

企画・総監修／向山洋一
日本教育技術学会会長
TOSS代表

編集 執筆 TOSS授業の新法則 編集・執筆委員会

発行：学芸みらい社

　1984年「教育技術の法則化運動」が立ち上がり、日本の教育界に「衝撃」を与えた。そして20年の時が流れ、法則化からTOSSになった。誕生の時に掲げた4つの理念はTOSSになった今でも変わらない。

1. 教育技術はさまざまである。出来るだけ多くの方法を取り上げる。（多様性の原則）
2. 完成された教育技術は存在しない。常に検討・修正の対象とされる。（連続性の原則）
3. 主張は教材・発問・指示・留意点・結果を明示した記録を根拠とする。（実証性の原則）
4. 多くの技術から、自分の学級に適した方法を選択するのは教師自身である。（主体性の原則）

　そして十余年。TOSSは「スキルシェア」のSSに加え、「システムシェア」のSSの教育へ方向を定めた。これまでの蓄積された情報をTOSSの精鋭たちによって、発刊されたのが「新法則化シリーズ」である。

　日々の授業に役立ち、今の時代に求められる教師の仕事の仕方や情報が満載である。ビジュアルにこだわり、読みやすい。一人でも多くの教師の手元に届き、目の前の子ども達が生き生きと学習する授業づくりを期待している。

（日本教育技術学会会長　TOSS代表　向山洋一）

学芸を未来に伝える
学芸みらい社
GAKUGEI MIRAISHA

株式会社 学芸みらい社
〒162-0833 東京都新宿区箪笥町31 箪笥町SKビル3F
TEL:03-5227-1266（営業直通）　FAX:03-5227-1267
http://www. gakugeimirai.jp/
e-mail:info@gakugeimirai.jp